OS TESOUROS QUE DEIXAMOS PELO CAMINHO

EDIANE RIBEIRO

OS TESOUROS QUE DEIXAMOS PELO CAMINHO

Como aprender a lidar com nossos traumas pode nos lançar em um resgate da própria potência

PAIDÓS

Copyright © Ediane Ribeiro, 2024
Copyright © Editora Planeta do Brasil, 2024
Todos os direitos reservados.

Preparação: Fernanda Guerriero Antunes e Wélida Muniz
Revisão: Ana Laura Valério e Ana Maria Fiorini
Projeto gráfico e diagramação: Futura
Capa: Helena Hennemann | Foresti Design
Ilustrações de miolo: Macrovector/ Shutterstock

DADOS INTERNACIONAIS DE CATALOGAÇÃO NA PUBLICAÇÃO (CIP)
ANGÉLICA ILACQUA CRB-8/7057

Ribeiro, Ediane
  Os tesouros que deixamos pelo caminho / Ediane Ribeiro. - São Paulo : Planeta do Brasil, 2024.
  224 p.

  ISBN 978-85-422-2882-3

  1. Trauma psíquico 2. Psicologia 3. Emoções I. Título

24-4245   CDD 616.8521

Índice para catálogo sistemático:
1. Trauma psíquico

Ao escolher este livro, você está apoiando o manejo responsável das florestas do mundo

2024
Todos os direitos desta edição reservados à
Editora Planeta do Brasil Ltda.
Rua Bela Cintra, 986 – 4º andar – Consolação
01415-002 – São Paulo-SP
www.planetadelivros.com.br
faleconosco@editoraplaneta.com.br

Para aqueles que estiveram submersos comigo nas águas de muitos dos traumas desaguados neste livro: minha mãe, Maria Madalena; meus irmãos, Edward e Edineide; e minha segunda mãe, Lourdes. Estas páginas também são fruto do resgate do enlace afetivo que nos une.

Meus irmãos, nossa mãe, longe de ser perfeita e mesmo enredada pelas próprias feridas, tentou soprar em nós a semente do que poderíamos vir a ser. Creio que ela tenha conseguido. Isso, agora entendo, é uma das vestes do amor. Tenho orgulho de ver as pessoas dignas que vocês se tornaram. Vocês são o que há de mais importante na minha vida e, sem vocês, quase nenhuma destas páginas poderia ter sido escrita. Nós sobrevivemos e merecemos celebrar nossa existência, meus amores.

Dedico este livro também aos meus amigos, professores, terapeutas, mestres e a todos que estiveram comigo nos últimos anos, me convidando a viver relações curativas de aprendizado e afeto, mesmo quando minhas respostas traumáticas chegavam antes de mim.

Prefácio – Alexandre Coimbra Amaral **11**
Introdução – Eu não era tímida, eu era assustada **15**

1 – "Mas, afinal: todo mundo tem trauma?" **23**
O vazio do garoto que tinha tudo **23**
Idas e vindas do interesse pelo trauma ao longo da história **26**
Um fenômeno físico antes de ser psicológico **30**

2 – Trauma × Traumatização **33**
Da prostração no sofá ao sudeste asiático **33**
Um mesmo evento traumático, três diferentes desfechos **35**
Traumatização: a ferida que não cicatrizou **39**

3 – O corpo é o palco da reencenação do trauma **42**
O sorriso da menina sem graça **42**
O medo condicionado pela dor **44**
Sinto, logo existo: sensação, emoção e sentimento **45**
Sistema nervoso: o nosso aplicativo de mensagens **48**

4 – Trauma, estresse e sistema nervoso **50**
A agitação da menina responsável pela paz **50**
A codependência emocional como desfecho de trauma **54**
Sistema nervoso central e periférico: o controle do ritmo e do movimento **58**
Burnout é trauma **67**

5 – Quando as defesas de sobrevivência assumem o controle   69
Planos de ação pré-programados   **69**
Defesas sociais: engajamento social e grito por ajuda   **70**
Defesas ativas: luta e fuga   **73**
Defesas dissociativas: congelamento, flag e colapso   **74**
Fixação: quando a defesa de sobrevivência se torna uma resposta traumática   **77**

6 – As duas faces da desconexão: hipervigilância e dissociação   80
De tímida e envergonhada à frieza implacável   **80**
Hipervigilância e dissociação: dois lados da mesma moeda   **84**
Autossabotagem não existe   **88**

7 – Tipos de trauma: agudo, crônico e complexo   91
Trauma agudo: a vida separada em antes e depois do trauma   **91**
Trauma crônico: a experiência que se mistura com a vida   **93**
Trauma complexo: o aprisionamento em um relacionamento   **94**

8 – Trauma de desenvolvimento: a ferida oculta   97
Vínculo: a grande rede de proteção   **97**
A perda de sintonia e a sobrecarga traumática   **101**
Trauma de desenvolvimento e estresse tóxico infantil   **106**

9 – Trauma racial: as chagas da história que sobrevivem ao tempo   109
Uma relação interracial e sua falsa passabilidade   **109**
Quando você se descobre uma pessoa negra   **113**
Características definidoras do trauma racial   **116**
Ancestralidade como antídoto para a desumanização   **119**

10 – Trauma vicário: o custo do cuidar   123
A relação terapêutica é assimétrica, mas não hierárquica   **123**

A absorção de sintomas dos pacientes e a distorção da autoimagem **125**
Trauma vicário não é burnout **126**
Ganhando imunidade ao trauma vicário **127**
Dupla orientação: uma âncora de presença no atendimento **130**

11 – A transgeracionalidade do trauma **132**
Será que podemos herdar um trauma? **132**
É preciso uma aldeia inteira para criar uma criança **137**

12 – Reencenações traumáticas: mudam os personagens, permanece o enredo **139**
Repetir o trauma não é busca por cura **139**
A ponte entre trauma, compulsões e vícios **141**
A falha na leitura de pistas de perigo **144**
A ciência não explica tudo e o futuro é ancestral **146**

13 – O alto custo para os relacionamentos **150**
A mentira como estratégia para lidar com a ferida traumática **150**
As relações sempre pagam a conta **156**
Se a ferida está na relação, a cura também está **157**

14 – Vergonha e culpa: as colas do trauma **160**
Culpa pelo que fiz, vergonha de quem sou **160**
O perdão não é o pedágio para a resolução do trauma **164**
O risco nada calculado dos espetáculos modernos de autodesenvolvimento **167**

15 – O caminho de volta: recuperando limites pessoais **171**
Vítima ou algoz? Presa ou predador? **171**
Ambientes corporativos que se tornam fábricas de traumas **174**
O que são limites pessoais? **176**
Os quatro tipos de limites: físicos, mentais, emocionais e de recursos **176**
Limites soltos, rígidos ou saudáveis **185**

Recuperando limites pessoais   **186**
Comunicar e manter limites   **192**

16 – O caminho de volta: reparo, vínculos e terapias   195
A vitrola colorida: uma ponte para a liberdade   **195**
O resgate da potência escondida pela dor   **199**
Recuperar ritmo e movimento   **201**
E qual o papel da terapia nessa história?   **205**
Terapias de "cima para baixo" e de "baixo para cima"   **207**
Terapias assistidas por psicodélicos   **210**

Epílogo – O ideal de uma sociedade informada sobre trauma   **218**

Referências   **220**

PREFÁCIO

Meu coração decidiu ler este livro como se fosse uma leitura em voz alta, feita pela autora, conosco sentados tomando um café, eu com a caneta preta tingindo páginas com as belezas que ela tem a me contar. Este é um livro que atravessa a avenida da nossa história com harmonia nota dez. Tem cadência, tem compasso, tem coerência com o conteúdo, que nos diz que elaboração de trauma se faz com movimento. É um livro que vai chegando aos poucos, respeitando a história do leitor com o tema, trauma, que pode assustar pela grandiloquência de seus assombros em todos nós. Já posso lhe adiantar uma coisa belíssima: fique à vontade, você está num lugar absolutamente seguro para descansar de suas dores de temer as dores. Eu descansei das minhas, eu viajei no tempo, eu me lembrei de cenas que andavam empoeiradas. Nas mãos de Ediane, as palavras são um cuidado que abriga a alma de cada uma e um de nós.

Ediane é um tesouro que o caminho da vida me deixou, um dia, num convite para uma live, em meio à pandemia. Ela mediou uma conversa entre Renato Noguera e eu, mesclando o sorriso fácil, a escuta e atenção generosas e a capacidade de interferir no diálogo com precisão, fazendo dele um lugar melhor de se habitar. Eu me encantei. Quando isso acontece, eu faço inevitavelmente o convite: "Quer ser minha amiga?". Como o tempo não é somente guardião de traumas, mas sobretudo de afetos doces, eis-me aqui, prefaciando seu primeiro livro com o sorriso teclando palavras encantadas.

Ediane conseguiu um feito notável: escrever um livro sobre trauma com a leveza da bailarina que ela também é. Ela coloca o trauma para dançar, chama a dor para deixar de ser só tango e poder ser samba, respeitando o momento em que também possa ser lágrima, silêncio, abraço e desvão. Isso pode parecer para alguns um demérito, mas ela alerta em seu texto que esta visão enrijecida sobre a arte de escutar, escrever e tratar dores também pode ser efeito de trauma. Este livro é uma sinfonia. Ele desperta acordes ocultos, traz o interesse em escutar os sons de qualquer cena. A maestrina conduz o fio invisível que liga os tempos, as histórias, as sensações que a leitura provoca.

É um livro que ampara enquanto desvela, e pode fazê-lo sem medo porque a autora se assume também parte da condição humana falível. As hierarquias se quebram e se fazem convergência de mãos. O intercâmbio entre os lugares de fala e escuta sobre o trauma e suas repercussões é uma das elegâncias da narrativa que você lerá a seguir. Em alguns capítulos, são nossas memórias de trauma que são evocadas no silêncio da leitura. Eu convido a sua tranquilidade a tomar a frente da leitura, porque os capítulos engendram em nós a paz que naturalmente vem com o respeito com que ela trata a dor de existir. É inevitavelmente belo o processo de lembrar, sempre que houver segurança para que essa reminiscência regresse. Desde já, eu lhe desejo bela leitura e bela relembrança. Mas há outros capítulos em que ela abre suas próprias fendas, e suas lágrimas viram parágrafos inteiros que condensam anos e anos de transcurso entre a dor e a elaboração interminável. Nessa hora, as mãos que nos unem a ela continuam atadas, mas sentimos que somos o contrário: escutadores atentos da sua humanidade. Queremos apoiá-la, queremos ser mundo, rede, abraço de montinho nessa mulher que também é como nós: pulsante e cambaleante, dança e cicatriz, sorriso e corte.

Aos poucos, o livro chega em seus ápices, e um deles é a constatação de que somos traumatizados cultural e estruturalmente por uma sociedade que desampara, desprotege, segrega e invisibiliza pessoas, produzindo inúmeras formas de violência. Ediane faz coro com a mais profunda tradição ancestral das filosofias e psicologias afrodiaspóricas, fazendo do seu texto um clamor à compreensão coletiva da dor que existe em demasia no corpo da pessoa leitora. Ela, como mulher negra, traz sua história de reconexão com a ancestralidade e com o direito de existir na inteireza de sua identidade múltipla, potente, grupal e profundamente gregária. Se você for uma pessoa branca, como eu, eu reitero aqui: convoquemo-nos ao protagonismo do tratamento deste trauma social. Eu desejo que a leitura deste livro lhe ampare na compreensão de suas dores, mas que não se resuma a isso. Este livro tem a capacidade de desfazer os equívocos em nós, brancos, que costumamos minimizar e desqualificar o direito à expressão da dor das pessoas negras sobre os efeitos devastadores do racismo em suas vidas. Eu levo comigo várias frases escritas por ela que agora se inscreveram em mim como memória que quer se fazer luta, em prol de um mundo menos violento. Porque o trauma se trata através do movimento, e os pés que bradam o desejo de transformação precisam ser também os brancos, usando seus lugares de privilégio e poder para tomar para nossa responsabilidade a reparação pelas dores que continuamos a consumar.

A palavra nasceu para também ser acarinhada por Ediane. Ela escolhe com acuidade cada vocábulo, num esforço notável e sempre bem-sucedido de ser compreendida, de acolher e de questionar ótimas perguntas – aquelas que geram respostas mais demoradas e menos óbvias. A palavra vai conduzindo a alma, porque é ela, enfim, a leitora deste livro. Conversando com nossas almas, Ediane sorri e diz coisas sérias demais para serem somente sisudas. Seu coração aberto à vida faz correr o fluxo do sangue que já foi machucado e agora pode ser transmutado. O vermelho que tinge o sangramento também pode passar a colorir os lábios em um sorriso carmim. A dignificação da vida vive a cada novo dia a sua reestreia, em ruídos de muitos passos que caminham juntos. Alguns olham para trás para recolher musculatura para seguir adiante. Outros trazem a mistura de dor e esperança para caminhar rumo ao mundo em que mora o sonho. Podemos até criar a ilusão traumatizada de que estamos sozinhos, mas aos poucos vamos nos apercebendo de que somos a mescla de Sankofa com axé, de retorno e invenção, de memória e desejo. Mesmo que não testemunhemos nenhuma cura, terá sido uma vida cheia de sentido essa que se tece em mãos acarinhadas, em lágrimas que se escutam, em abraços que evitam que sejamos pura solidão. Melhor deixar para trás a vontade de esquecer, porque lembrar junto é o magma que faz vida nova flamejar. Como um rio incandescente, podemos ser água irada que se move em direção ao reencontro derradeiro com quem sempre fomos, mas que o trauma nos ensinou a desperceber.

Alexandre Coimbra Amaral
Psicólogo, escritor e podcaster, autor de
Toda ansiedade merece um abraço

INTRODUÇÃO

EU NÃO ERA TÍMIDA, EU ERA ASSUSTADA

Se você render-se ao ar, poderá voar.
Toni Morrison, A canção de Solomon

Lá estava eu, aos 8 anos de idade, e, como de costume, sentada na primeira fileira da sala de aula. A angústia da espera era denunciada pelos dedos dos pés que se encolhiam no tênis, pela respiração mais curta, pelas mãos frias e suadas deslizando uma na outra, e pelo maxilar tensionado a ponto de trincar os dentes de cima com os de baixo. "Ediane." A voz estridente da professora fazia meu coração disparar e determinava que era a minha vez de continuar a leitura do texto em voz alta.

Tentando esconder as mãos, que tremiam, eu iniciava a leitura em tom baixinho, e a voz saía apertada pela contração dos músculos da garganta. "Ok. Elias, pode continuar." A mesma voz interrompia a minha vontade de desaparecer e liberava uma respiração profunda que parecia me libertar de uma tortura. *Mas o que dizia o parágrafo que eu acabei de ler?* Eu não fazia ideia. Era como se meu corpo estivesse pronunciando aquelas palavras, mas elas não penetravam na minha mente. Era como se minha alma tivesse saído para dar uma voltinha. Eu precisava reler tudo de novo. Depois. Sozinha.

Experiências como essa, em que eu preferia que o chão se abrisse a ter que ficar minimamente em evidência diante de outras pessoas, permearam boa parte da minha infância e adolescência. Não havia outra conclusão possível: eu era muito tímida.

O esforço para me esconder do mundo e passar despercebida era tão grande que minhas professoras da escola costumavam comentar com a minha mãe que até esqueciam que eu estava na sala de tão calada que eu era. Quando me lembro disso, sinto um desconforto parecido com o que tenho atualmente ao escutar de uma mãe ou de um pai que seu filho é tão quietinho que até esquece que ele está no ambiente.

Ser um bebê ou uma criança quieta não é necessariamente um problema; a questão é o que essa quietude externa guarda internamente. No meu caso (e no de muitas crianças e adultos), não se tratava de um estado de quietude segura e confortável, mas de uma experiência tão elevada de estresse que provocava congelamento. Em outras palavras: medo. Mais adiante, neste livro, passearemos pelos mecanismos envolvidos nesse processo, mas posso adiantar que a primeira infância é muito cedo para uma criança desistir de afetar e ser afetada por outro ser humano. É cedo demais para ser quieta demais!

Em casa, durante a infância e a adolescência, não era muito diferente do que acontecia na escola. A infância passada entre o interior de Minas Gerais, Bahia e Brasília guardou muitos silêncios. Costumo dizer que sou uma mineira a quem a Bahia deu régua e compasso. No entanto, para que essa régua e esse compasso produzissem desenhos, foi preciso atravessar muita coisa, e uma dessas travessias incluía o medo que tomava conta de mim a maior parte do tempo, me paralisava, me silenciava e era lido por todos como timidez.

A suposta timidez dava algumas tréguas de vez em quando, e tenho recordações desses momentos em que conseguia sair do casulo e brincar, gargalhar, me divertir com outras crianças ou com meus irmãos dentro de casa. Aqui, vale uma informação importante: tenho pouquíssimas memórias claras da minha infância. Principalmente até os oito anos, não me recordo de quase nada; depois disso, até o início da vida adulta, as memórias são como flashes que vou tentando encaixar uns nos outros, como quem monta um mosaico com pedacinhos de azulejo quebrado, que até formam uma imagem, mas não se encaixam perfeitamente. Por isso, pode ser que estejam escondidos no baú de minhas memórias perdidas muitos momentos em que a menina tímida e nervosa dava lugar a outros personagens. Mas, para mim, o que ficou mais forte da infância e adolescência foi a companhia de um sentimento bem específico: a vergonha.

Corta para 2023, quando comecei a escrever este livro. Já se passaram quarenta e cinco anos desde a minha chegada a este mundo, e hoje em dia me identifico profissionalmente como psicóloga, palestrante, criadora de conteúdo para redes sociais e, agora, escritora. Imagine só: a menina que tinha medo de ler um parágrafo em voz alta na escola se tornou uma comunicadora. Muito prazer, sou Ediane de Oliveira Ribeiro.

Assim como você, eu sou muitas: filha, irmã, tia, amiga, aprendiz, professora, mas, principalmente, sou uma alma dançante que encontra nas pontes entre ciência, artes e tradições milenares a porta para si mesma e a energia para sair em busca do encontro possível. Sou, também, alguém modificada pelo trauma. E não faz tanto tempo que descobri que eu não era tímida. Eu era assustada! Tinha medo e vergonha de existir.

Muito cedo, meu sistema nervoso foi se moldando com base em experiências que o fizeram funcionar em estado de alerta constante. O coração acelerado, a respiração curta, o maxilar travado e a contração dos músculos que aos poucos se transformava em tremores quando eu me via sob os olhares de outras pessoas eram a sinfonia da principal emoção envolvida no trauma percorrendo meu corpo: o medo.

Amedrontada, eu congelava diante de qualquer olhar que pudesse trazer consigo a mínima desaprovação, crítica ou rejeição. O medo do desamparo havia colorido as lentes dos meus óculos fundo de garrafa, e eu enxergava perigo mesmo em situações de total segurança. Naquela época, eu não sabia nomear o que estava acontecendo, nem sequer poderia pensar se tratar de uma resposta traumática. Cresci acreditando que tais reações eram parte da minha personalidade. É isto que o trauma faz conosco: nos conta mentiras sobre quem somos e molda a forma como nos vemos, nos relacionamos e enxergamos o mundo.

Agora vem a boa notícia: "o trauma não é uma prisão perpétua". Essa frase de Peter Levine, um dos grandes especialistas em trauma da atualidade, sempre me conecta com esperança, mas quem me ensinou na prática que nossos traumas não nos definem foi a Ediane que desabrochou da menina amedrontada e envergonhada, ganhou voz, tornou-se ávida por se conectar com outras pessoas e, ao se sentir plenamente engajada na vida, trocou as lentes do medo pelas lentes do frescor do momento presente e suas infinitas possibilidades.

Não importa quanto tempo passe, por mais que as adversidades nos transformem, alterem nossa bioquímica existencial, sempre haverá algo em nós que nos conecta com quem somos antes da dor, e é nesse lugar que podemos brilhar além de nossas feridas. É para essa travessia que eu convido você agora.

Este livro não se propõe ser uma biografia. Embora seja ilustrado com passagens muito íntimas da minha história pessoal, nem tudo de importante que vivi cabe aqui. Os capítulos que se seguem também não se pretendem um manual científico sobre trauma exclusivamente para profissionais, embora possam exercer a função de exploração teórica para quem está nessa busca. Em muitas passagens, haverá conteúdos, conceitos, citações e menções a avanços científicos que podem auxiliar quem está a se aventurar profissionalmente no trabalho com o trauma. Mas o que eu espero mesmo é que *Os tesouros que deixamos pelo caminho* chegue a qualquer pessoa que possa se beneficiar com um relato sincero e confessional da combinação entre conteúdo técnico, experiências pessoais e tudo o mais que me faz escolher o trauma como área de estudo, como umas das lentes para olhar os fenômenos humanos, mas principalmente como um caminho para acessarmos nossa potência escondida pela dor.

Do ponto vista teórico, grande parte do conteúdo deste livro se ancora em uma abordagem moderna e multidisciplinar sobre o trauma, que recebe influências principalmente das neurociências, da neurobiologia interpessoal e da psicologia. Essa visão vem sendo chamada mundo afora de *trauma-informed approach*, ou abordagem informada sobre trauma.

Essa não é uma modalidade terapêutica específica nem uma linha de abordagem dentro da psicologia. É um conjunto de conhecimentos sobre como corpo, cérebro e mente são afetados pelo trauma, e que pode ser aplicado aos mais diversos contextos: escolas, instituições, empresas, relações pessoais e, também, em âmbito terapêutico. É uma proposta não só para um trabalho profissional com trauma, mas também, nas linhas do que nos diz a norte-americana Substance Abuse and Mental Health Services Administration (SAMHSA), um convite para repensarmos como nos organizamos coletiva e socialmente.

Como se trata de uma visão multidisciplinar, os estudos em abordagem informada sobre trauma vêm sendo produzidos em diferentes instituições por profissionais de áreas diversas, como medicina, psicologia e biologia. Existe, no entanto, a tentativa de unificar e difundir os princípios e conceitos dessa abordagem, o que faz com que ela caminhe cada vez mais para se tornar um campo de conhecimento independente, a exemplo do que aconteceu com as neurociências, que também têm sua origem na multidisciplinaridade. Uma das instituições que lidera os esforços nesse sentido de organização sistemática da abordagem informada sobre trauma é a SAMHSA, citada anteriormente, uma agência dentro do Departamento de Saúde e Serviços Humanos dos Estados Unidos que, em suas publicações, apresenta quatro pressupostos básicos para uma abordagem informada sobre trauma:

1. compreender o impacto generalizado do trauma entre nós e como ele afeta pessoas, famílias, grupos, organizações e comunidades;
2. reconhecer os sinais e reações ao trauma nos diferentes ambientes;
3. responder integrando plenamente o conhecimento sobre trauma em políticas, procedimentos e práticas;
4. atuar ativamente em resistência à retraumatização.

Além do conteúdo teórico e de meus relatos pessoais, também apresentarei aqui algumas passagens profissionais de uma terapeuta em busca de elos perdidos. Experiências de consultório com pessoas que tive a honra de acompanhar nos últimos anos e que me ensinam todos os dias a transformar teoria em conhecimento incorporado – o conhecimento que passa pelo corpo. Mesmo com a autorização desses clientes de terapia para publicar suas histórias, tomei o cuidado de utilizar nomes fictícios e retirar quaisquer dados que possam identificá-los, mantendo, assim, o sigilo, que é um cinturão de segurança tão precioso em uma relação terapêutica.

Por fim, cabe mencionar que os traumas abordados neste livro não se restringem a experiências extraordinárias e impactantes. Trauma não é sinônimo de tragédia. Espero, ao longo desta travessia, propor reflexões sobre o trauma como uma experiência que faz parte da vida de todos nós. O trauma é um fenômeno que permeia nosso cotidiano e colore a forma como enxergamos a vida. Sobretudo em uma cultura que nos ensina a negar e disfarçar nossas emoções, que nos cobra performances inalcançáveis e que nos convida o tempo todo a duvidarmos de nós mesmos e de nossas conexões, inúmeros traumas são invisibilizados e algumas respostas traumáticas são até valorizadas. Meu convite é para que lancemos luz também sobre esses traumas invisíveis e que, juntos, possamos encontrar faróis que nos direcionem para caminhos de reparação e para o resgate de nos sabermos dignos de existir exatamente como somos.

O meu convite é para que você partilhe da minha travessia. Quando iniciar esta leitura, ela se tornará a sua travessia também. Pode ser que algum relato ou conteúdo toque você em especial, remeta às suas próprias experiências e traga emoções à tona. Se essas emoções visitarem você, ouça minha voz dizendo: "Sua emoção é bem-vinda. Tente recepcioná-la e escutar o que ela tem a dizer".

Nesses momentos, se for preciso, utilize o seguinte cinto de segurança: coloque uma das mãos sobre o coração, a outra em cima do umbigo e tente liberar um pouquinho seu maxilar, deixando o ar sair pela boca sem qualquer esforço para manipular a respiração. Observe suas sensações físicas e confie na sabedoria do seu corpo para encontrar caminhos de retorno ao equilíbrio. Respeite sempre seus limites. Se necessário, faça uma pausa, beba água, dê uma caminhada, se conecte com pessoas, bichos, coisas ou lugares que lhe tragam a sensação de conforto e segurança. Você pode retomar a leitura em outro momento. Ela estará sempre aqui esperando por você.

Lembre-se de que emoção é energia bioquímica em movimento no seu corpo, e que ela guarda informações importantes. Ela vai se acalmar, mas para isso precisa ser tratada com as devidas honras da casa, e não como se fosse uma visita indesejada da qual queremos nos livrar o mais rápido possível. Algumas de suas emoções são as grandes guardiãs do tesouro escondido pelo trauma. E, mesmo que seu interesse nesta leitura seja profissional, esta não será uma jornada regida apenas pela razão. Como costuma dizer a querida professora e especialista em trauma Liana Netto: "Não se aprende sobre trauma desapaixonadamente". Esta é uma travessia do corpo à alma.

Desejo a você uma boa leitura.

Com todo meu carinho e respeito,

Ediane – ou, para você, apenas Di

É isto que o trauma faz conosco: nos conta mentiras sobre quem somos e molda a forma como nos vemos, nos relacionamos e enxergamos o mundo.

1

"MAS, AFINAL: TODO MUNDO TEM TRAUMA?"

> *Das lágrimas em meus olhos secos,*
> *basta o meio-tom do soluço*
> *para dizer o pranto inteiro.*
> CONCEIÇÃO EVARISTO, "Meia lágrima"

O VAZIO DO GAROTO QUE TINHA TUDO

Era junho de 2020, e eu me preparava para iniciar uma transmissão ao vivo na minha rede social. De modo inesperado, a pandemia de covid-19 havia nos retirado das ruas e nos lançado em um isolamento social que acreditávamos que duraria algumas semanas. As semanas foram se transformando em meses, e lá estávamos nós ainda: em casa, estressados e amedrontados. A tecnologia provia uma das poucas possibilidades de contato com quem não dividia o mesmo teto conosco, e as transmissões ao vivo pela internet (*lives*) logo se tornaram espaços muito populares de conexão e contato.

Assim como outras pessoas, comecei a realizar lives nas minhas redes sociais. Era tanto uma forma de aliviar meu próprio isolamento, me conectando com outras pessoas, quanto de compartilhar conhecimentos que pudessem ajudá-las a manejar o estresse daquele momento.

O tema da live daquela noite era trauma de desenvolvimento, um tipo de trauma precoce que acontece na relação com nossos primeiros cuidadores e deixa marcas no modo como nos relacionamos na vida adulta. Não me recordo exatamente o que eu dizia, mas lembro que poucos minutos após o início da transmissão, alguém me fez o seguinte questionamento nos comentários: "Mas, afinal: todo mundo tem trauma?". Senti um balançar quase involuntário da minha cabeça para a frente. Meus lábios se apertaram em uma curva que lembrava um discreto sorriso, porém não traduzia alegria ou contentamento, e sim a constatação de algo implacável.

Aquela pergunta me transportou para uma das primeiras sessões que tive com Lucas, um homem de 40 anos, empresário, com uma carreira profissional estabelecida e que buscou a terapia com a queixa de não conseguir dar seguimento em suas relações amorosas. Tinha dificuldade de "se apegar", ele me dizia. Lucas era um homem muito inteligente e dotado de um humor irônico e perspicaz. Aos poucos, no decorrer da terapia, ele foi se dando conta de que gerenciava suas relações íntimas e familiares da mesma forma como conduzia sua empresa: centralizando decisões, distribuindo tarefas e cobrando resultados. Sentia-se sempre sobrecarregado e profundamente magoado quando seu esforço para resolver tudo por todos não era reconhecido. Ele não fazia ideia do que seria relaxar em uma relação. Para Lucas, se relacionar era mais uma das funções que tinha a cumprir.

No desenrolar da terapia, ele começou a ganhar mais consciência de seu padrão nos relacionamentos, mas isso o deixou bem confuso. Ele se perguntava como tinha chegado até ali e me contava sobre sua relação "ok" com os pais e sobre uma infância que descrevia como "normal e sem traumas". Era filho único de uma família de classe alta e não tinha nenhuma lembrança de algo que pudesse se parecer com um trauma. "Eu fui uma criança que teve de tudo, Ediane!", ele repetia, confuso. Lucas, porém, estava em uma terapia informada sobre trauma, o que significava que não era preciso falar com exaustão sobre traumas passados nem buscar incessantemente memórias que unissem os pontos. O trauma invisível de Lucas não estava no passado, estava ali na nossa frente.

Estava presente no sofrimento dele com a dificuldade de estabelecer relações de intimidade, nos limites rígidos, no excesso de controle e nas compulsões por compras e por trabalho – das quais ele nem sequer tinha consciência. O trauma, que parecia ausente na história de um homem que teve tudo e que era visto por todos ao seu redor como muito bem-sucedido, nos olhava nos olhos a cada sessão e, sem cerimônias, derrubava a afirmação de uma infância "normal e sem traumas", como quem desmorona um castelo de cartas.

Lucas tivera uma infância recheada por excessos: as melhores escolas, as melhores roupas, os brinquedos mais caros, aulas de judô e inglês, férias na Disney. O pouco que faltou, porém, era muito, e não podia ser preenchido com aqueles excessos. A falta do vínculo de afeto seguro foi suficiente para abrir um vazio enorme no peito daquele menino que, agora adulto, buscava a terapia para saber o que havia de errado com ele. Não existia nada de errado com ele. Não é essa a pergunta que nos fazemos na abordagem informada sobre trauma. A pergunta não é "O que há de errado com você?", mas "O que aconteceu com você?".

Tudo me levava a crer que estávamos diante de uma história de trauma precoce, envolvendo o relacionamento daquela criança com seus cuidadores e com o mundo que a cercava. Não parecia se tratar de episódios traumáticos específicos e especialmente marcantes, mas de um padrão de relacionamento que foi sendo vivido desde muito cedo pelo pequeno Lucas. Aos poucos, o adulto foi ganhando consciência do tamanho da ausência de conexões seguras de afeto em sua história. A criança que vestia as melhores roupas e brincava com os melhores brinquedos estava sempre só, assustada e não se sentia vista. Ele não era atendido em suas necessidades de conexão, atenção, segurança e, principalmente, limites. Lucas sofrera de abandono emocional e negligência pelo excesso. Ele recebia de seus pais tudo de material que uma criança podia ter, mas não recebia uma presença de qualidade, que fizesse com que o pequeno Lucas sentisse segurança para explorar seus sentimentos e sua relação com o mundo.

Assim como o espectador da minha live, Lucas chegou à terapia entendendo trauma como sinônimo de tragédia, como uma experiência avassaladora e rara pela qual algumas pessoas passam na vida e outras não. Devo confessar que, durante boa parte dos meus mais de vinte anos como psicóloga, eu também estive míope para uma série de traumas que vivemos em nosso cotidiano e que são normalizados. O trauma é uma parte tão ordinária da existência que a natureza nos dotou de mecanismos físicos para lidar com ele. O nosso corpo veio preparado de fábrica para responder a experiências de desafio intenso, mas não para se manter permanentemente nelas. Ao longo dos próximos capítulos, exploraremos o que acontece no corpo, na mente e no cérebro no momento em quem vivemos eventos traumáticos. No entanto, antes disso, eu preciso responder à pergunta do espectador da minha live, e também a de Lucas.

Afinal, todo mundo tem trauma?

Para responder a esse questionamento, cabe voltar algumas casas no jogo e alinhar alguns conceitos. É preciso saber de que entendimento de trauma estamos partindo.

IDAS E VINDAS DO INTERESSE PELO TRAUMA AO LONGO DA HISTÓRIA

Trauma não é um tema novo para a psicologia e suas áreas de fronteira, e tampouco para a história da humanidade. Durante muito tempo uma das primeiras menções ao estresse pós-traumático foi atribuída a um registro feito pelo historiador grego Heródoto ao se referir ao guerreiro Epizelus durante uma batalha. O registro data de 490 a.C. e diz: "De repente, ele perdeu a visão de ambos os olhos, embora nada o tivesse tocado".

Entre 2014 e 2015, no entanto, pesquisadores da Anglia Ruskin University, no Reino Unido, analisando documentos da antiga Mesopotâmia,

---
A pergunta não é
"O que há de errado com você?", mas
"O que aconteceu com você?".
---

apontaram para evidências de estresse traumático até em 1300 a.C. Eles encontraram registros de relatos de soldados que afirmavam estar sendo visitados por fantasmas que enfrentaram em batalha e sugerem que a condição seja tão antiga quanto a civilização humana.

Na história mais recente, a natureza das lembranças traumáticas e seus impactos estavam entre as principais discussões no final do século 19, quando a medicina colocava suas lentes no estudo sistemático dos problemas mentais. Pioneiros da neurologia e da psiquiatria como Jean-Martin Charcot, Pierre Janet e o próprio Sigmund Freud contribuíram muito para que se pensasse sobre o impacto das lembranças traumáticas no corpo e na vida de uma pessoa. Já naquela época, esses estudiosos chamavam a atenção para os mistérios da relação mente-corpo e para o fato de que as lembranças traumáticas não eram apenas dados da biografia de alguém, mas permaneciam dentro das pessoas como os mesmos fantasmas dos relatos dos soldados da antiguidade, insistindo em sair dos quartos escuros da memória para assombrá-las e transformando o presente em um eterno looping do passado, produzindo sintomas físicos e mentais.

Nos idos de 1880, Charcot já destacava que seus pacientes, tanto homens quanto mulheres, tinham dificuldade de traduzir em palavras as experiências traumáticas vividas; por isso, eles as expressavam de forma física, por meio de sensações corporais que pareciam tomar conta deles no momento presente, como se o trauma estivesse sendo revivido.

O neurologista e psiquiatra Pierre Janet, outro nome importante desse período, é autor do que pode ser considerado o primeiro livro científico a respeito do estresse traumático: *L'automatisme psychologique*, publicado em 1889. Responsável por introduzir termos que ainda hoje utilizamos na ciência moderna do trauma, como dissociação e automatismo, Janet foi um dos primeiros a associar o quadro descrito atualmente como transtorno do estresse pós-traumático (TEPT) com experiências emocionais impactantes – e isso em 1889.

Na história ainda mais recente, trabalhos como o do psiquiatra martinicano Frantz Fanon e da psiquiatra brasileira Neusa Santos Souza – que abordam os efeitos deletérios da opressão colonial e do racismo na saúde mental de pessoas negras – não receberam o reconhecimento merecido. Evidencia-se, assim, ainda mais o que os próprios autores defendiam: a inadequação de uma visão exclusivamente eurocentrada para lidar com traumas decorrentes da violência colonial e o quanto a história que nos é contada desde o ensino fundamental, e que se estende às graduações (inclusive de psicologia), invisibiliza não só as dores e nuances do que atualmente descrevemos como trauma racial, mas a própria produção científica de um povo marcado por essa violência.

Nesse passeio por como o trauma vem sendo abordado ao longo do tempo, é possível observar que o interesse da psicologia e da medicina pelo tema variou bastante, passando por períodos em que o trauma foi absolutamente relegado pela corrente científica vigente da época, e outros em que o investimento em estudos e pesquisas sobre trauma impulsionaram avanços significativos. As idas e vindas do trauma como assunto de interesse científico não ocorreram de forma aleatória. Segundo o psiquiatra holandês Bessel van der Kolk, na maioria das vezes, ignorar o trauma e seus impactos relevantes guardava mais motivações políticas do que científicas. Assumir os danos psicológicos dos traumas de guerra não ajudava no recrutamento de soldados em plenas Primeira e Segunda Guerras Mundiais. Ironicamente, ignorar tais danos era insustentável quando os ex-combatentes, assombrados por pesadelos, alterações emocionais e comportamentos estranhos não conseguiam engajar plenamente na vida pós-guerra, o que impactou fortemente a economia de países como Inglaterra e Estados Unidos.

Tanto a negação quanto os avanços nos estudos do trauma foram marcados pelos mesmos fatos históricos: as guerras. Negado para garantir a adesão ao combate e estudado para resolver o retorno dos veteranos traumatizados. Não havia alternativa senão encarar o trauma, que, nas palavras de van der Kolk, "sem cerimônia confrontava medicina, psicologia e política quando estas insistiam em varrê-lo dos manuais, das prescrições e da história".

UM FENÔMENO FÍSICO ANTES DE SER PSICOLÓGICO

Depois de uma história marcada pela alternância entre momentos de grande avanço seguidos de períodos de negação, o trauma está mais uma vez de volta ao palco do interesse da ciência moderna. Além das guerras, o que impulsionou seu ressurgimento atual foram avanços nas novas áreas científicas, em especial aquelas que floresceram com o advento da neuroimagem. Estudar o cérebro em funcionamento forneceu importantes compreensões de como o trauma impacta não só a mente, mas também o funcionamento cerebral de uma pessoa.

Essas novas áreas do conhecimento nos ajudam a pensar o trauma não apenas como um evento psicológico e emocional, mas também como um processo físico. O trauma causa uma sobrecarga no sistema nervoso, como nos relata Peter Levine, que vem antes da percepção consciente do que está acontecendo. Antes mesmo que possamos nos dar conta de que estamos vivendo uma situação ameaçadora, o cérebro já está produzindo uma série de reações neuroquímicas que nos lança em nossas defesas de sobrevivência.

Essa sobrecarga que o sistema nervoso recebe durante uma experiência traumática pode ser resultado de situações limítrofes e de risco real à vida, como acidentes graves, violências, abusos e negligências. Mas também pode resultar de acontecimentos cotidianos e vivenciados por todos nós, como adoecimento nosso e de pessoas que amamos, perdas, frustrações, rupturas de relacionamento, problemas financeiros, ausência de vínculo seguro sobretudo na infância, situações vexaminosas e muitos outros desafios que vivemos em diferentes fases da vida.

O trauma é, portanto, uma experiência neuropsicofísica que deixa marcas no corpo, na mente, no cérebro, nas emoções e no comportamento. Buscar um conceito único para um fenômeno tão complexo é um grande desafio. As definições nos proporcionam bordas que contribuem para dar contornos ao fenômeno, mas ao mesmo tempo o comprimem, tornando-o menor do que é de fato. Por isso, os conceitos ao longo de todo este livro nos servirão como mapas.

Um mapa nos ajuda a compreender como certa cidade se organiza, nos ajuda a nos localizarmos dentro dela e a encontrarmos caminhos para o destino que buscamos, mas o mapa não é o território, é apenas uma representação dele. O território será sempre mais complexo, dinâmico e pulsante. Com base nisso, as definições que apresento a seguir, de estudiosos contemporâneos, têm por objetivo nos ajudar a desenhar essas bordas do entendimento de trauma que exploraremos em nossa travessia, mas sem nenhuma pretensão de abarcar toda a complexidade da experiência:

> "Trauma pode ser qualquer coisa que acontece em excesso, muito rápido, muito cedo, por muito tempo, aliado à ausência do que deveria ter acontecido como recurso." – RESMAA MENAKEM

> "Trauma é a incapacidade de habitar o próprio corpo sem ser possuído por suas defesas e o entorpecimento emocional que interrompe todas as experiências, incluindo prazer e satisfação." – BESSEL VAN DER KOLK

> "Trauma não é o que acontece com você, é o que acontece dentro de você como resultado do que aconteceu com você. É aquela ferida psíquica que o endurece psicologicamente, tornando-o mais rígido, mais dissociado das sensações e mais defendido." – GABOR MATÉ

> "Trauma é uma sobrecarga no sistema nervoso maior do que é possível processar." – DANIEL SIEGEL

> "Quando uso a palavra trauma, estou me referindo aqui aos sintomas frequentemente debilitantes que muitas pessoas sofrem no rescaldo de experiências percebidas como ameaçadoras ou avassaladoras." – PETER LEVINE

Apesar das diferenças nas definições, podemos destacar alguns elementos essenciais: tempo, sobrecarga nervosa, presença de emoção e ausência de recurso para lidar com a situação.

Diante de um desafio, de uma experiência estressora ou de um evento avassalador que aconteceu cedo demais, rápido demais ou por tempo prolongado, nosso sistema de resposta ao estresse sofre uma sobrecarga que vem acompanhada por uma emoção. A sensação de que estamos sem saída, de que não podemos fazer nada para nos defender ou de que não temos recursos para lidar com a situação nos arremessa na vivência do desamparo. O desamparo é um dos elementos centrais no trauma: estamos a sós com nossas feridas, e o medo passa a reger nossas escolhas dali por diante.

Para que todo esse processo seja desencadeado, não é preciso que a situação traumática seja realmente ameaçadora à vida, basta que ela seja percebida como algum tipo de risco. Essa percepção será colorida por nossas experiências passadas, pela percepção de apoio, suporte, segurança e por tudo que foi vivido até ali. Por isso, uma mesma situação pode ser traumática para uma pessoa e não ser traumática para outra. Para determinada pessoa, só o ato de se imaginar falando em público, por exemplo, pode carregar tanto estresse quanto o que seria vivido por outra em um acidente com risco de morte iminente.

Mas o fato é que, mesmo que não passemos por situações extremas e dramáticas, a vida nos apresenta constantemente uma diversidade de desafios, e, em diferentes medidas para cada pessoa, essas situações podem gerar uma sobrecarga que altera o funcionamento dela a partir dali. Uma cultura como a nossa, que normalizou a sustentação de altas cargas de estresse, se transformou em uma máquina de produzir traumas.

2

TRAUMA × TRAUMATIZAÇÃO

> *O trauma é a causa mais evitada, negada, ignorada, mal compreendida e maltratada do sofrimento humano.*
> PETER LEVINE, *Healing Trauma*

DA PROSTRAÇÃO NO SOFÁ AO SUDESTE ASIÁTICO

Conheci Carol e Letícia durante uma viagem ao sudeste asiático em 2015. Eu estava recém-divorciada, depois de treze anos de casamento, e profissionalmente muito confusa. O período que antecedeu essa viagem foi muito difícil: dar conta das coisas mais simples do dia a dia me exigia um esforço gigantesco. A fadiga e a falta de motivação se entrelaçavam a uma sensação de vazio e de total ausência de sentido que me torturava internamente. Mas ao mesmo tempo que por dentro eu me sentia quebrada e desconectada, por fora eu tentava me esconder atrás da imagem de pessoa bem resolvida e competente. Esse conflito entre o que eu sentia e o que eu tentava transparecer, inclusive para mim mesma, saía distorcido em forma de irritabilidade e de dureza para lidar comigo mesma e com os outros. Tempos depois, entendi que eu guardava uma enorme tristeza que se camuflava como raiva por não ter espaço para ser sentida.

Ao que parece, eu era boa em esconder o que acontecia comigo! Conseguia disfarçar o que eu sentia tanto para os outros quanto para mim mesma. Emoções negadas, porém, não desaparecem. Em algum momento elas vão nos possuir, e comigo não foi diferente. Aquilo que eu fazia um esforço hercúleo para jogar para debaixo do tapete tomou conta de mim, tingiu minha vida com as tonalidades de uma condição que eu tentava negar e que especialistas da minha área nomeiam como depressão. Nem sempre a depressão se apresenta de forma explícita e declarada ou chega anunciando sua presença. Algumas vezes, ela vai dando passinhos pequenos de aproximação e, aos poucos, ocupa um espacinho aqui e outro acolá, até que se torna dona da casa e nos transforma em sua inquilina.

Eu não estava o tempo todo prostrada na cama nem tinha deixado de fazer minhas obrigações. Eu trabalhava, fazia minhas rotinas e até algum contato social agradável eu conseguia manter. Olhando para trás, eu penso que seria realmente muito difícil alguém ao meu redor perceber que não estava tudo bem. Eu não deixava de fazer nada, mas tudo era feito com um extremo esforço. A energia que eu conseguia mobilizar servia para ir e voltar do trabalho e fingir que estava tudo bem. Mas não estava. Fora do contato social, tudo se resumia a dias cinza entre a cama, o sofá e a procrastinação severa.

Nessa época, casamento e trabalho se misturavam em muitos aspectos: eram treze anos nas duas relações, e meu ex-marido e eu trabalhávamos na mesma empresa. Eu tinha 30 e poucos anos, estava casada com um médico financeiramente muito bem resolvido, trabalhava como psicóloga de recursos humanos na maior rede de hospitais de neurorreabilitação do país, ganhava um salário que para a época me parecia extraordinário, viajava o mundo comprando bolsas e sapatos. Tudo seguia o script do sucesso que me venderam a vida toda, e que eu comprei, exceto por um detalhe: eu não estava feliz.

Ao contrário, eu me sentia sufocar por uma sensação de vazio intenso. Minhas emoções pareciam anestesiadas, e eu não conseguia me conectar empaticamente com as pessoas ao meu redor. Ao mesmo tempo, vivia sempre tensa, preocupada e esperando que algo terrível pudesse acontecer a qualquer momento. Sustentei esse sofrimento psíquico por tanto tempo que não haveria outro resultado possível senão adoecer. A depressão se associou ao burnout e, enquanto eu queimava por dentro, por fora ficava cada vez mais difícil esconder a apatia, a desmotivação, a irritação e a desorganização.

Lembro-me com muita clareza do dia em que, jogada no sofá da sala, depois de um fim de semana inteiro sem forças para tomar banho ou lavar a louça que se acumulou na pia, pensei: *Viver assim não pode ser a única opção*. Foi como um flash, e até hoje fico feliz por não ter ignorado esse pensamento. Não sei exatamente de onde tirei forças, mas, depois desse dia, entrei em uma espiral ascendente de busca por ajuda que transformaria por completo a minha vida. Mudanças de alimentação, retorno à dança, novas atividades como meditação, yoga e teatro se somaram a uma sequência de experimentações de terapias e uma incansável busca por sentido de vida e autoconhecimento.

Eu não sabia bem o que estava funcionando, mas o fato é que meu corpo parecia receber recargas progressivas de vitalidade e minha mente recuperava a curiosidade e a vontade de mudança. A reconexão com minhas necessidades e emoções e com o autocuidado me fez questionar minhas escolhas até ali. O divórcio se tornou um caminho inevitável, e eu sabia que o pedido de demissão também seria uma questão de tempo. Depois da separação, me afastei do trabalho com uma licença sem vencimentos e parti rumo ao sudeste asiático com duas mochilas e uma fantasia: "comer, rezar e amar", assim como a personagem principal do livro e do filme de mesmo nome.

UM MESMO EVENTO TRAUMÁTICO, TRÊS DIFERENTES DESFECHOS

Minha viagem começava em Bangkok, na Tailândia. O roteiro incluía seguir dali para Siem Reap, no Camboja, e depois retornar para visitar cidades do norte tailandês e finalizar nas famosas ilhas do sul. Afinal, eu estava em busca de autoconhecimento, mas já reconectada com meu prazer, e queria relaxar em uma prainha paradisíaca antes de voltar ao Brasil.

No meu primeiro dia em Bangkok, fui visitar o Grand Palace, um complexo de edifícios que já foi residência da família real e talvez esteja para Bangkok como o Cristo está para o Rio de Janeiro ou a Torre Eiffel está para Paris. Isso significa que minha ideia de viagem espiritual e zen foi logo abalada pela multidão de turistas que precisei atravessar em um calor equivalente ao verão carioca, com a diferença de que eu precisava vestir blusas de mangas, já que a maioria dos templos asiáticos não permitem a entrada com ombros descobertos.

Logo vi que a minha visita ao templo que guarda o buda mais famoso da Tailândia não seria exatamente como eu havia fantasiado, e que eu não teria ali um momento sublime e calmo de meditação e conexão. Eu me vi pingando de calor, ainda exausta pela viagem de mais de vinte e três horas do Brasil até a Ásia. A fila quilométrica para ver o Buda de Esmeralda andava devagar, e o aglomerado de pessoas piorava minha sensação de mal-estar. Saí da fila em busca de uma única coisa: um lugar para me sentar protegida do sol.

Avistei uma sombra de árvore onde estavam duas moças e me aproximei com o olhar de quem implora acolhimento em um pedacinho daquele espaço. Naquela troca de olhares, nós nos reconhecemos como brasileiras e iniciamos uma conversa que acabou rendendo um almoço juntas em um restaurante que elas queriam conhecer, e eu também.

Carol e Letícia eram duas advogadas na casa dos 30 anos que se conheceram no escritório em que trabalhavam. Segundo elas próprias, apesar da expansão e extroversão de Carol contrastarem com a timidez e fala comedida de Letícia, as duas se aproximaram e se deram bem logo de cara. A viagem para a Tailândia era um tipo de comemoração pessoal delas.

Três anos antes, as duas tinham se envolvido em um desastre na Região dos Lagos do Rio de Janeiro e, ao sobreviverem, combinaram de realizar seus sonhos de viagem juntas. O sudeste asiático era um deles. Carol e Letícia passavam um feriado prolongado na cidade de Búzios quando foram surpreendidas pelo desabamento da casa em que estavam hospedadas, em decorrência das fortes chuvas, que são típicas na região. Junto com elas estava outro amigo, Pablo, que, por uma feliz coincidência, sorte ou providência divina, era bombeiro civil.

A amizade entre os três era marcada pelo gosto por viagens, e a ideia de passarem o feriado prolongado na casa de amigos de Pablo, em Búzios, foi recebida com muita animação pelas duas. Como chovia muito, os amigos ficaram em casa jogando baralho, bebendo e contando histórias divertidas. Apesar da chuva ter interrompido os passeios, continuavam animados e felizes.

Eles se preparavam para dormir quando escutaram estrondos. "Demorei para entender o que estava acontecendo e me lembro de pouca coisa depois do forte barulho", Letícia me contou. "Quisera eu não me lembrar", respondeu Carol. Ela me narrou a sensação da terra faltando sob os pés; lama e objetos caindo por cima delas. De fato, era um milagre os três terem sobrevivido apenas com ferimentos leves. Escutei a história com especial atenção à diferença de reação entre eles em meio ao acidente e até a chegada do socorro.

Paralisada, Letícia não conseguia se mover e, segundo a amiga, sua expressão era "uma cara de nada". Carol gritava por socorro e conta que achou que o coração fosse pular de tanto que batia acelerado. Ela não se esquecia da sensação de desespero que tomou conta dela. Pablo, embora também parecesse assustado, rapidamente começou a agir para tirar os três daquela situação.

Para as duas, os primeiros anos depois do desabamento foram marcados por pesadelos, crises de ansiedade e dificuldade de voltar à região. Aos poucos, com a ajuda de profissionais especializados em transtorno do estresse pós-traumático e com o suporte de amigos e familiares, elas foram recuperando a rotina; os pesadelos e as crises reduziram até se tornarem praticamente inexistentes.

Por isso, a viagem à Tailândia era um tipo de comemoração da recuperação delas. Carol e Letícia ainda lidavam com alguma ansiedade e tensão associadas ao acidente, mas havia quase um ano que não tinham pesadelos e crises mais intensas, além de terem recuperado o prazer com as viagens, que tinha ficado embotado depois do episódio na Região dos Lagos. Já Pablo, na visão delas, parecia ter voltado à vida normal muito rápido depois do acidente.

Os três estavam juntos no mesmo evento traumático, mas cada um viveu um trauma diferente e nem todos ficaram traumatizados; ao menos, era o que parecia pelo relato das duas.

O fato de Pablo ser bombeiro civil o deixava familiarizado com os fragmentos sensoriais de um desastre como aquele. O som dos estrondos, as imagens de tudo revirado, os cheiros e texturas da lama cobrindo tudo não eram novidade para o cérebro dele. Além disso, ele era treinado para agir nesse tipo de situação, reduzindo sua sensação de estar sem saída e, portanto, reduzindo o desamparo.

Se as amigas estiverem certas sobre a rápida recuperação de Pablo pós-acidente, é provável que tudo isso tenha facilitado o processamento daquela experiência pelo corpo, cérebro e mente dele. Em uma metáfora simples, é como se existisse uma gaveta no cérebro de Pablo da qual ele podia tirar a legenda sobre o que estava acontecendo e as ferramentas para lidar com a situação. Em vez de experimentar a sensação de total inescapabilidade, ele foi tomado pela ação para tirá-los dali.

Já no cérebro de Letícia e de Carol, ao que parece, não havia nada para ajudá-las a legendar e lidar com aquela experiência, e tudo foi absorvido como fragmentos soltos de sons, cheiros, imagens e sensações de uma situação-limite, inusitada e que as deixava à mercê da própria sorte. A carga de estresse recebida pelos três até pode ter sido a mesma, mas em Pablo gerou menos sobrecarga do que em Carol e Letícia.

Mas havia ainda uma diferença entre elas. Carol entrou em um estado de ansiedade e agitação máximas, que a fez gritar, tremer, suar e se desesperar. Essa carga de estresse recebida pelo corpo de Carol não parece ter encontrado uma descarga equivalente depois do acidente, e continuou a produzir resposta ao estresse, gerando pesadelos e desorganização do seu sistema de alerta. Depois do acidente, era como se, de uma hora para outra, ela fosse "sugada" de volta ao desabamento e por alguns instantes o seu cérebro perdesse a capacidade de diferenciar passado de presente, provocando reações que se assemelhavam a uma crise de ansiedade.

Já Letícia parece ter entrado em outro tipo de resposta de sobrevivência: o congelamento. Com uma sobrecarga tão elevada quanto ou talvez maior que a de Carol, seu cérebro precisou "desligar" algumas áreas para sobreviver àquele trauma, fazendo-a, inclusive, se esquecer do que viveu, mas deixando marcas como alterações no sono, na qualidade de vida, um aumento da angústia e da sensação de insegurança mesmo em situações de lazer e relaxamento e uma certa anestesia emocional em situações do cotidiano.

Três experiências traumáticas diferentes vividas durante um mesmo episódio e com desfechos distintos.

TRAUMATIZAÇÃO: A FERIDA QUE NÃO CICATRIZOU

É relativamente comum encontrarmos trauma sendo tratado como sinônimo de traumatização, mas há uma importante diferenciação a ser feita aqui. O significado da palavra trauma é um bom lugar para começarmos. Do ponto de vista semântico, a palavra trauma, segundo o *Online Etymology Dictionary*, vem do grego *trauma*, que significa "ferida física". O trauma psicológico, porém, é um tipo muito específico de ferida.

Ao contrário de uma ferida na pele, que podemos ver e delimitar onde começa e onde termina, o trauma psicológico é uma ferida que não enxergamos: é uma ferida interna. Isso torna mais desafiador delimitar onde começa, onde termina e quais os danos que ela causou em nossa "pele de dentro". Assim como um corte no dedo por uma faca afiada que escapou enquanto você cortava cebola pode fechar rápido e naturalmente, deixando uma cicatriz quase imperceptível, a ferida do trauma também pode em pouco tempo se tornar apenas uma lembrança sutil sem grandes repercussões.

O medo, emoção regente no
trauma, passa a dirigir a percepção,
as sensações, as escolhas e a forma
como lidamos com a vida.

Agora imagine que o local do corte no dedo seja de difícil cicatrização ou que foi um machucado mais profundo. Isso torna a recuperação mais lenta e dolorosa. A ferida pode reabrir quando pegamos um objeto ou esbarramos a mão sem querer em alguma coisa. É possível também que a cicatriz no local torne a pele dali mais áspera, rígida e um pouco diferente da do restante da mão. A traumatização é essa ferida de difícil cicatrização, que provoca dor, reabre de vez em quando, e nem sempre só o tempo será suficiente para cicatrizar.

Trauma é, portanto, o conjunto de reações do corpo, do cérebro e da mente no momento em que estamos vivendo a situação desafiadora, e traumatização é quando as marcas dessa experiência em nós perduram no tempo sem serem cicatrizadas. Elas permanecem e se manifestam na forma de alterações emocionais, sintomas, mudanças de comportamento, padrões de relacionamento ou adoecimentos.

Seja um trauma consciente e marcante, como no caso dos amigos em férias, seja um trauma invisível e escondido em um relacionamento, como no caso de Lucas, o medo, emoção regente no trauma, passa a dirigir a percepção, as sensações, as escolhas e a forma como lidamos com a vida.

3

O CORPO É O PALCO DA REENCENAÇÃO DO TRAUMA

> *Deixe que tudo que há no corpo se revele,*
> *pra que a vida cicatrize todo o trauma,*
> *pra que o desejo seja o anexo da pele*
> *e a liberdade o corpo físico da alma.*
> MARTINS E JULIANO HOLANDA, "Deixe"

O SORRISO DA MENINA SEM GRAÇA

Comparar minhas fotos antigas com as atuais se tornou um tipo de hobby investigativo para mim. Ao mesmo tempo que me divirto vendo os cortes de cabelo e a moda do final da década de 1970 e início dos anos 1980, volta e meia encontro peças que me ajudam a seguir montando aquele mosaico da ausência de memórias da infância. Umas das primeiras coisas que me chamaram a atenção ao fuçar nas malas de fotografias impressas que minha mãe guarda no alto do guarda-roupas dela foi a diferença na minha postura física e nas minhas expressões faciais a partir dos 2, 3 anos de idade.

A menina com sorriso aberto, olhar curioso e expressivo foi perdendo o brilho à medida que crescia. Os ombros foram ficando cada vez mais curvados, o olhar cada vez mais vazio e o sorriso, quando aparecia, era claramente um esforço e em nada se parecia com o sorriso gostoso do primeiro ano e meio de vida.

Além da mala de fotos guardada pela minha mãe, eu também costumo visitar os poucos álbuns da adolescência e do meu período de faculdade. É interessante como a quantidade de fotos também foi diminuindo com o tempo, e da adolescência até o início da vida adulta os registros são bem escassos. Volto a ter mais fotos minhas depois da chegada das câmeras digitais, que coincidiu com o período em que comecei a viajar pelo mundo, mas os registros eram muito mais uma iniciativa do meu ex-marido do que minha própria. Em muitas fotos dessa época, consigo ver a tentativa de expressar alegria. Era como se eu tentasse "parecer feliz" naqueles lugares incríveis que eu visitava, mas quando comparo essas fotos com as atuais, vejo que a diferença de um sorriso espontâneo e do brilho no olhar não deixam dúvida de que dentro de mim algo não ia nada bem naquela época.

Eu sabia que aquelas viagens e experiências que eu vivia eram incríveis, e as descrevia como tal para outras pessoas, mas eu não conseguia sentir isso de verdade. Era como se eu não estivesse vivendo aquilo tudo de verdade. O olhar vazio que sombreia o sorriso desenhado por uma tensão nos músculos do rosto denuncia o tamanho da minha desconexão. Com a visão de hoje, eu diria que parecia viver anestesiada.

Vale aqui um parênteses e um reconhecimento ao meu ex-marido, aos meus amigos e a todas as pessoas que estavam próximas a mim no início da minha vida adulta, que de muitas formas tentaram acessar minha intimidade enquanto eu a protegia a sete chaves: nem tudo era sem cor e sem sabor. Tive muitos momentos de diversão e flashes de conexão no período que se estendeu até os 30 e poucos anos, mas a sensação de anestesia emocional, que somente hoje consigo nomear, era a tinta mais forte. E havia um agravante: quanto mais eu me sentia sufocada e sem energia, mais culpada ficava por não me sentir realizada e grata em alcançar muito mais do que poderia ter sonhado a criança que nasceu em uma família negra brasileira, de classe média baixa, com a infância marcada por imprevisibilidade, conflitos, violências e inseguranças.

Meu corpo não respondia emocionalmente de forma compatível ao que eu estava vivendo. Eis mais uma habilidade do trauma: nos desconectar do momento presente. Mas, mesmo com a sensação de anestesia, é no corpo que o trauma se mantém vivo e é reencenado repetidas vezes no aqui e agora. É por isso que apenas compreender o trauma de modo racional não é o suficiente para que a traumatização cicatrize e deixe de afetar nossas reações e escolhas do presente.

O MEDO CONDICIONADO PELA DOR

O trauma que persiste e vira traumatização vai sendo revivido no cérebro, nos músculos, na respiração e nas vísceras a cada encontro com um fragmento sensorial que possa se associar à dor original: pode ser uma cor, um cheiro, uma expressão facial, um toque, uma música, qualquer coisa. Cada vez que esse fragmento toca a ferida aberta em nós, é como se fôssemos sugados ao passado traumático. E, mesmo que nossa memória não consiga recuperar os fatos em si, o corpo se lembra e reage com medo. Esse medo se tornou condicionado pela dor traumática. O medo que habita nosso corpo sem intervalos nos faz sentir como um hóspede indesejado dentro de nós mesmos, nos conta mentiras sobre quem somos, sobre o que sentimos, sobre nossas necessidades, desejos, relacionamentos e sobre o mundo que nos cerca.

É esse medo que assume o leme e faz muitas pessoas terem dificuldade de sair de um relacionamento tóxico, que faz outras tantas fugirem de intimidade, que faz negligenciar o autocuidado, que pode nos tornar reativos, hipervigilantes, agressivos ou altamente vulneráveis. É o medo que dificulta as mudanças que queremos e tentamos fazer, mas não conseguimos, porque nossas decisões racionais perdem para nossa fisiologia alterada pela dor.

SINTO, LOGO EXISTO: SENSAÇÃO, EMOÇÃO E SENTIMENTO

Este é um ponto importante da nossa travessia, por isso vamos fazer uma pausa para explorar a paisagem que dá contorno às nossas vivências traumáticas: o sentir. Inspirada em António Damásio, um dos neurocientistas mais respeitados da atualidade e conhecido por seu trabalho com emoções, abordarei três palavras que se relacionam com o universo do sentir: emoção, sensação e sentimento.

Não precisamos da mediação da linguagem para sentir; nós simplesmente sentimos, mesmo que não consigamos colocar palavras em nosso sentir. Mas quando o sentir ganha legendas que adicionam sentido à experiência, damos um importante passo para elaborar, processar e liberar nossas emoções.

Aprendi com Damásio a pensar emoção, sensação e sentimento como informações. São informações de qualidades similares, mas com níveis de precisão diferentes. Tudo começa com nossos sentidos. Quem, como eu, cursou os ensinos fundamental e médio há mais de vinte anos provavelmente aprendeu na escola que temos cinco sentidos: visão, audição, paladar, tato e olfato. Hoje em dia, sabemos que temos bem mais que cinco sentidos. Só para citar alguns exemplos: sede, fome e dor também são sentidos, só que, diferentemente dos cinco anteriores, captam informação do nosso mundo interno e não do mundo externo. Os sentidos nos ajudam a perceber o mundo, mas perceber não é sentir. Emoções, sensações e sentimentos são interpretações do que é captado por nossos sentidos. Elas dizem respeito ao nosso mundo interior. São os nossos movimentos internos.

Alguns desses movimentos internos nos informam de alterações em nossa fisiologia: se os músculos estão tensos ou relaxados, se o estômago está cheio ou vazio, se o coração está acelerado ou tranquilo, se a respiração está fluida e calma ou entrecortada e difícil, se o pescoço dói. Essas informações com um grau de precisão física são as nossas sensações, e elas nos ajudam a saber como está nosso organismo ou partes dele, o que é essencial para que possamos nos direcionar para aquilo de que necessitamos a cada momento, como relaxar, nos alimentar, nos proteger do frio e assim por diante. As sensações nos informam sobre nossas necessidades.

Quando vivemos uma situação desafiadora, em momentos de êxito ou diante de uma memória ou um pensamento, várias sensações podem ser desencadeadas em conjunto, como uma sinfonia em que vários instrumentos emitem cada qual um som diferente, mas, juntos, produzem uma música específica. Essa música é a emoção. Cada emoção possui um ritmo e uma melodia própria, que resulta das sensações que são disparadas em conjunto a partir de um estímulo que pode vir de fora ou de dentro de nós. Cada música emocional receberá uma categoria de acordo com o seu ritmo e melodia: medo, raiva, alegria, tristeza, aversão. Emoção, portanto, é uma experiência do corpo, é um conjunto de sensações específicas. Quando elas chegam, ainda não há interferência da razão.

Sentimentos, por sua vez, são fenômenos que pertencem a outra dimensão: a mente. Pode parecer estranho pensar que sentimentos são fenômenos mentais, mas os sentimentos nascem quando a emoção ganha significado. Esses significados que a mente atribui ao que está acontecendo no corpo são baseados tanto em nossa memória explícita: o que conhecemos, o que já vivemos, nossas crenças, valores e interpretações – quanto em nossas memórias implícitas – aquilo de que não temos clara recordação, mas que deixou registros em nosso corpo e deflagra sensações. As emoções básicas acrescidas de significado podem, então, se ramificar em uma lista quase infinita de sentimentos: ciúme, inveja, paz, compaixão, tédio, calma, decepção, curiosidade...

Ressalto que não é o nome dado à experiência que diferencia emoção de sentimento. Medo pode ser tanto uma emoção quanto um sentimento. O que diferencia é a qualidade da experiência. Imagine que você está caminhando por uma rua escura e percebe um vulto atrás de si. Nesse momento, seu coração dispara, a respiração acelera, a pupila dilata, e toda uma melodia chamada medo é tocada em seu

Cada emoção possui um ritmo
e uma melodia própria.

corpo com o objetivo de prepará-lo para responder ao perigo. Você não controla essas reações. Elas te invadem. Você olha para trás e não tem certeza se alguém está te seguindo, acelera o passo, procura locais com melhor iluminação ou com movimentação de outras pessoas. Sua mente entrou em ação, está te interpretando a situação com base no que você já viveu, no que conhece da região em que está e no que você acredita que possa ser o vulto. Nesse momento, você vivencia não somente a emoção como também o sentimento de medo. O sentimento, é, portanto, uma emoção que foi interpretada pela mente. Na prática, as duas etapas parecem acontecer ao mesmo tempo, pois a diferença entre o que acontece no corpo (emoção) e o significado atribuído pela mente (sentimento) é de milésimos de segundos. Uma experiência de trauma produz emoções e sentimentos que podem ser revividas mesmo depois que o perigo já passou.

SISTEMA NERVOSO: O NOSSO APLICATIVO DE MENSAGENS

Todo esse mar de informações produzidas por nossas sensações, emoções e sentimentos precisam de uma via de transmissão que organize e nos entregue a mensagem que cada uma delas tem a nos passar. Podemos comparar com as mensagens de celular que enviamos no dia a dia a outras pessoas. Precisamos de algum recurso em que as informações são organizadas e transmitidas, como um aplicativo, por exemplo. Em nosso corpo, esse aplicativo se chama sistema nervoso. O sistema nervoso é o principal responsável por captar e transmitir as informações sobre o que está acontecendo dentro e fora de nós. É o sistema que nos coloca em relacionamento com nosso mundo interior e com o mundo externo.

Sistema nervoso e emoções são dois personagens importantes na cena do trauma, pois o trauma altera a bioquímica e o funcionamento do cérebro (parte principal de nosso sistema nervoso central), afeta nossas emoções e a forma como interpretamos os desafios que a vida nos apresenta. O trauma fica documentado em como respiramos, andamos, olhamos, amamos e adoecemos.

Saber que é no corpo que o trauma se mantém vivo nos leva a outra pergunta: como ele acontece no corpo?

Vou me dedicar a essa pergunta primeiro do ponto de vista biológico, e se você é daquelas pessoas que torcem o nariz para uma visão neurofisiológica dos fenômenos humanos, tenho uma boa notícia: eu também sou! Mas tudo que é psicológico tem uma correspondência biológica, assim como a forma de nossa biologia se organizar carrega informações de nossa dinâmica psíquica. Passear pela fisiologia pode nos ajudar a depois mergulhar com mais segurança naquilo que transcende o físico. Um querido amigo meu, o neurologista dr. Ivar Brandi, costuma dizer que quanto mais estuda os aspectos neurobiológicos dos fenômenos humanos, mais valoriza os aspectos psicossociais. Eu concordo integralmente com essa frase. Não somos seres apenas biológicos. Somos uma combinação complexa do que trazemos em nossa natureza biológica com o que vivemos e com o universo que criamos dentro de nós com base no que vivemos. O resultado dessa combinação biopsicossocial desenha a nossa subjetividade, tornando cada pessoa um ser único.

Mas desconsiderar a natureza biológica do ser humano e a fisiopatologia do trauma com tudo que a ciência já avançou nesse entendimento seria como dirigir em uma estrada que você não conhece direito, mantendo o GPS do carro desligado. Os avanços no entendimento do corpo e do cérebro, em áreas como neurociências e neurobiologia interpessoal, principalmente nas últimas décadas, revolucionaram a compreensão do que acontece durante e depois de uma experiência traumática. Isso nos permite confirmar algumas proposições de abordagens clássicas do trauma, desconsiderar outras, abrir novas janelas de entendimento e, assim, avançar. Essa é a beleza do conhecimento sendo construído em tempo real.

Por tudo isso, sem perder a poesia que alimenta a vida, a seguir, vamos desembarcar na estação neurofísica do trauma.

4

TRAUMA, ESTRESSE E SISTEMA NERVOSO

Por tanto amor, por tanta emoção
A vida me fez assim
Doce ou atroz, manso ou feroz
Eu, caçador de mim.
MILTON NASCIMENTO, "Caçador de mim"

A AGITAÇÃO DA MENINA RESPONSÁVEL PELA PAZ

Eu estava no consultório me preparando para receber Bia. Nessa época, eu atendia quase exclusivamente de forma presencial. Quando ouvi o toque de mensagem chegando ao meu celular, meu primeiro pensamento foi: *Ela vai se atrasar ou desmarcar*. Abri a mensagem e confirmei: ela avisava que se atrasaria por cerca de dez ou quinze minutos. Não era um pensamento aleatório nem um chute despretensioso. Ser terapeuta é também se tornar uma observadora e leitora dos subtextos presentes na comunicação. Com o passar do tempo, aprendemos a ler alguns sinais.

Aquela seria a primeira sessão oficial da Bia comigo, mas já havíamos conversado antes, pois eu sempre marco uma conversa informal antes de iniciar o processo terapêutico, para que possamos nos conhecer e mutuamente decidir se existe um trabalho a ser realizado juntas. Nesse primeiro contato, algumas coisas já me chamaram a atenção. Ela chegara a mim por indicação de uma colega de trabalho que, segundo ela, tinha falado muito bem do meu trabalho. Durante essa primeira conversa, Bia repetira muitas vezes o quanto nosso encontro era importante para ela e o quanto a terapia comigo era a sua "última esperança", pois ela já havia passado por muitos processos terapêuticos.

A busca pela terapia é, com frequência, um movimento dual: ao mesmo tempo que existe o desejo de mudança, a própria busca aciona nossas defesas traumáticas. Uma parte em nós questiona se a terapia e a própria relação terapêutica são seguras. É muito importante respeitar esse movimento, pois toda pessoa tem o direito de se proteger enquanto não for seguro visitar seus próprios quartos escuros.

Aprendi a reconhecer sinais dessa dualidade querer-temer não só em meus clientes de terapia, mas em mim mesma. Nem sempre os sinais se confirmam, afinal, estamos lidando com os mistérios da natureza humana, porém, como diz uma frase famosa, cuja autoria infelizmente eu não sei: "A gente aprende muito só de olhar". E olhando com muito respeito e cuidado, fui aprendendo a perceber pistas da ansiedade por agradar, das partes assustadas que conflitam com aquelas que querem sair em busca de mudança, das contradições orquestradas pelo medo condicionado. Em meu primeiro contato com Bia, eu havia notado algumas dessas pistas, por isso esperava que não fosse tão simples para ela chegar em nossa primeira sessão. Desde nosso primeiro contato, a dualidade querer-temer acenou para nós.

Quando recebi a mensagem do atraso, olhei ao meu redor no consultório e avistei meu tapetinho de yoga entre a grande janela que dava vista para o jardim do edifício comercial em que eu atendia e o sofá largo e aconchegante em que os clientes se sentavam e, por vezes, se deitavam durante os atendimentos. Eu deixava o tapete com frequência no consultório para minhas práticas e para os exercícios de respiração ou de regulação emocional com alguns clientes durante as sessões. Afastei minha poltrona, desenrolei o tapete no centro da sala, deitei e iniciei um alongamento.

Ainda hoje conservo o hábito de reservar alguns minutos entre um atendimento e outro para me alongar, meditar ou realizar caminhadas breves, que atualmente acontecem no jardim da minha casa entre os atendimentos on-line. Esses minutos dedicados à minha autorregulação, entre uma sessão e outra, estão entre minhas práticas de autocuidado preferidas e aumentam meu estado de presença no atendimento que se segue. Eu já enrolava o tapete para guardá-lo quando escutei um toque firme e acelerado na campainha. Era Bia. Ela chegou agitada, pedindo muitas desculpas e me falando sobre os vários obstáculos que vencera naquele dia para chegar à sessão. Ofereci água, espaço para se acalmar e a tranquilizei. Apesar de ser oficialmente a primeira sessão de Bia, eu sabia que a terapia dela já tinha começado.

Naquela mesma sessão, comecei a compreender que a fala rápida, os movimentos intensos, a respiração curta, os ombros tensionados e os olhos ligeiramente arregalados não eram apenas reações passageiras em função do estresse do atraso. Eu estava diante de alguém que aprendera a funcionar em estado de alerta e hiperexcitação. A agitação de Bia era lida como extroversão pelas pessoas ao seu redor. Ela se apresentava sempre animada, contava muitas piadas e histórias engraçadas. Fazia piadas sobre si mesma e as inúmeras desilusões amorosas que vivera em seus 32 anos, sobre as dificuldades financeiras, os erros que cometia no trabalho, e falava com desenvoltura de coisas que para alguns poderiam parecer desconcertantes ou constrangedoras. Falava quase sem respirar.

Ela se via e era vista por seus amigos como uma mulher bonita, expansiva e divertida, o que tornava confuso para ela entender por que suas relações amorosas não duravam mais que dois ou três encontros. A isso, Bia chamava de "maldição do terceiro encontro". Embora ela tenha dedicado bastante tempo da sessão ao que rotulava como o seu "dedo podre" para relacionamentos, afirmava com ênfase que não foi isso que a levou a buscar pela terapia, mas, sim, as crises de ansiedade, a compulsão alimentar e uma procrastinação severa.

Depois de algumas sessões, ela me contou um medo que a atormentava durante a infância. Bia ficava nervosa todas as vezes que o pai saía de casa, com receio de que ele não voltasse mais. Tinha crescido em um ambiente com muitas mães solo e crianças que não conheciam o pai ou com pais ausentes. Presenciara inúmeras brigas entre seu pai e sua mãe durante a infância, momentos em que oscilava entre correr para o quarto para rezar, chorando e pedindo a Deus que eles não se separassem, e fazer fofurices e palhaçadas que distraíam os pais do conflito e encerravam, temporariamente, os gritos.

Bia era a mais nova de três filhos e me contou que sempre se esforçou para não dar trabalho aos pais, ao contrário de seus outros dois irmãos, que estavam sempre envolvidos em confusão. Assim, ela cresceu sendo considerada a "filha perfeita". Sempre bem-comportada, com boas notas na escola, Bia alcançou a autonomia financeira antes de seus dois irmãos mais velhos; por isso, mesmo com dificuldades, dava um jeito de ajudar a família financeiramente.

Que ela funcionava em hipervigilância e que muito daquela extroversão e disponibilidade irrestrita aos amigos e familiares eram padrões de adaptação de alguém que não conseguia sair do modo de sobrevivência ficou claro nas primeiras sessões, mas, aos poucos, fui compreendendo como ela sentia aqueles medos que mantinham seu sistema de alerta ligado o tempo todo. E, mesmo na vida adulta, morando sozinha, ajudando a família como podia, ela ainda era a criança que corria para o quarto chorando ou que fazia o papel de distrair as pessoas do conflito.

Minha maior curiosidade terapêutica não era saber com precisão os episódios traumáticos que levaram Bia a se proteger tanto do mundo em comportamentos compulsivos, mas, sim, quem seria ela se a resposta ao estresse que seu corpo vinha sustentando por tantos anos pudesse ser temporariamente desligada. Quem seria Bia se ela sentisse segurança na própria pele? Para isso, era preciso reduzir a hipervigilância, regular a ansiedade por agradar, recuperar bordas e limites saudáveis nas relações e negociar com a necessidade de cuidar e resolver os problemas de todos ao seu redor. Era essencial reencontrar-se consigo mesma e com as próprias necessidades.

Ela havia aprendido a olhar para si com base em suas respostas traumáticas e se apresentava ao mundo a partir delas. Até a máscara de transformar tudo em piada servia como regulação ao estresse de desagradar e de precisar ser cuidada. O que era visto por todos como suas maiores qualidades – a disponibilidade irrestrita e a extroversão – se misturavam às estratégias de adaptação que ela precisou aprender desde cedo por se sentir responsável pela manutenção da paz e do equilíbrio em casa.

A pequena Bia entendeu que a harmonia e a manutenção do casamento dos pais dependiam dela, e a adulta seguiu acreditando que isso valia para todas as suas relações, o que a fazia desempenhar o papel da mulher divertida, engraçada e sempre disponível para resolver os problemas alheios. Era a amiga com quem você sempre podia contar; a organizadora dos encontros dos amigos; a filha "que deu certo" e que aconselhava os pais a como lidarem um com o outro e com seus irmãos; a irmã que ajudava financeiramente, mesmo que abrisse mão de seus sonhos e projetos pessoais. Bia era a profissional que se voluntariava para fazer o que ninguém queria.

A história dela e como suas relações do presente se organizavam traziam boas pistas de por que seus relacionamentos amorosos não tinham continuidade. Embora ela enfatizasse querer encontrar um parceiro, esse desejo, ainda que real, era apenas de uma parte sua. Camadas abaixo, controlando as escolhas de Bia, parecia estar o medo de relacionamentos e de intimidade, associado à codependência emocional. Suas feridas traumáticas orquestravam a busca por homens com dificuldade de organização da própria vida ou que ela acreditava que precisava salvar, consertar ou proteger, mas que, na verdade, não apresentavam nenhuma disponibilidade afetiva.

A CODEPENDÊNCIA EMOCIONAL COMO DESFECHO DE TRAUMA

Embora existam controvérsias sobre a origem da expressão codependência emocional, o surgimento do termo é frequentemente associado

A busca pela terapia é, com frequência,
um movimento dual: ao mesmo tempo
que existe o desejo de mudança,
a própria busca aciona nossas
defesas traumáticas.

à abordagem familiar na dependência química, que teve início na década de 1940 e foi bastante impulsionada por iniciativas nos grupos de Alcoólicos Anônimos (AA). Mas, segundo Zampieri, foi somente no final da década de 1970 que a expressão passou a ser amplamente utilizada para descrever um tipo específico de dinâmica familiar, em que o eixo central da organização da família se torna o comportamento e o bem-estar da pessoa com dependência, fazendo com que as necessidades físicas, mentais e emocionais de quem está em volta sejam constantemente negligenciadas e violadas.

O que mais chama a atenção nos estudos que se alastraram sobre o tema a partir do início dos anos 1980 – como os de Carvalho e Negreiros, em 2011; de Hogg e Frank, em 1992; de Martsolf e parceiros, em 1999; de Matthews, em 1993, que foram citados por Pereira, em 2017 – é que os familiares e amigos ao redor da pessoa com dependência desenvolviam comportamentos manipulativos, de controle excessivo, e que reforçavam ainda mais a dependência química. O que marca, portanto, a disfunção nesse tipo de relacionamento é que, ao se sentir compelida a cuidar, proteger ou "consertar" o outro, a pessoa não só entra no papel de "salvador" e desenvolve um sentimento de responsabilidade excessiva pela vida daquele que, a seu ver, depende dela, mas também desenvolve uma dependência da necessidade do outro por ela.

Com a evolução do conceito, a expressão foi ampliada a outros contextos além da dependência química e, atualmente, é utilizada para descrever um padrão em que uma pessoa se envolve frequentemente em relacionamentos em que a outra parte da relação tem algum tipo de dificuldade de organização da própria vida ou dependência de qualquer ordem, seja ela química, física ou emocional. Na codependência, a pessoa está frequentemente enredada em relações que a fazem se sentir no papel de salvadora. Podemos dizer que a codependência emocional é a necessidade de ser necessário.

Embora o vício ou a dependência química não sejam essenciais para que uma dinâmica de codependência emocional se estabeleça, são fatores que têm uma correlação importante com ela, e a codependência emocional é muito frequente nas famílias com histórico de abuso de substâncias, como era o caso da de Bia. Muitos dos conflitos que ela presenciava aconteciam quando seu pai abusava do álcool. Um de seus irmãos passara parte da adolescência entre internações para lidar com o vício em cocaína, e Bia assumiu o papel de organizar o sistema familiar como um todo. Essa foi a forma não consciente que ela encontrou para ser vista em um ambiente em que todos roubavam o protagonismo para si o tempo todo com estratégias autodestrutivas para lidarem com as próprias feridas traumáticas. Para ela, era impossível estar em um relacionamento sem precisar estar cuidando ou resolvendo a vida da outra pessoa. Não era nada seguro apenas ser quem ela era e relaxar em uma relação.

Bia precisava estar sempre agradando, divertindo, distraindo ou fazendo algo pelas pessoas com quem se relacionava. Mas aquilo que inicialmente causava uma sensação de controle e até de poder, pois ela era vista e elogiada como muito resolutiva, generosa e disponível, com o tempo gerou uma grande sobrecarga e desconexão das próprias necessidades e limites. Mais cedo ou mais tarde, a conta chegaria. As consequências de violar tanto os próprios limites foram se transformando em sintomas e ganhando os contornos das crises de ansiedade que a levaram para a terapia. Dali para a frente, a mudança era a única opção para sobreviver, e talvez fosse essa a grande motivação dela para a terapia: sobreviver. Era um suspiro de sobrevivência do restinho da Bia autêntica que não sucumbiu à personagem que a dominava por tantos anos, o que era admirável de testemunhar. Ela havia chegado na encruzilhada a que muitas pessoas que aprenderam a se relacionar a partir de um padrão de codependência emocional chegam: ou você vai embora e se salva ou fica e morre pelo outro.

Ela precisava trilhar um caminho de autodescoberta para entender o que era autêntico naquela mulher bela, inteligente, divertida, expansiva, agitada e com frustrações avassaladoras; e o que era escudo para lidar com dores profundas. Era hora de voltar para casa e reabitar o próprio corpo. E foi esta a travessia que fizemos juntas: voltar a habitar o próprio corpo com segurança.

Para continuarmos a nossa travessia por aqui, vamos mergulhar um pouco mais no cenário principal do trauma em nosso corpo: o sistema nervoso.

SISTEMA NERVOSO CENTRAL E PERIFÉRICO: O CONTROLE DO RITMO E DO MOVIMENTO

Segundo a neurocientista Carla Tieppo, "o sistema nervoso nos inspira a refletir sobre essa condição incongruente de sermos individualistas, porque ele não foi feito para criar uma individualidade plena, mas, sim, para melhorar a relação do organismo com o mundo externo". Portanto, falar sobre sistema nervoso é falar sobre relacionamentos!

Conforme prometido, realizaremos um mergulho suave na neurociência e na fisiopatologia do trauma. Apenas o suficiente para que possamos continuar nossa travessia de mãos dadas sem perdermos de vista o que é mais relevante aqui: a conexão com o humano em toda a sua complexidade.

Anteriormente, mencionei que o sistema nervoso é o nosso sistema de relacionamento, especialmente desenvolvido para reagir ao que acontece tanto dentro quanto fora de nós. No entanto, ele está associado a uma série de outras funções como pensamento, memória, atenção, aprendizagem, ações motoras, entre outras. Essa complexidade de funções faz alguns neurocientistas, como Daniel Wolpert, afirmarem que a função básica do sistema nervoso é o movimento.

Precisamos entender movimento aqui de uma forma ampla, não apenas como o deslocamento de um lugar para outro ou como a ação de esticar o braço para pegar a garrafa de água na mesa quando estou com sede. Nas palavras de Carla Tieppo, "movimento é ação, é comportamento, é comunicação, é transformação do mundo, é a consolidação da intenção". E às ideias dos dois neurocientistas eu acrescento: movimento é o que caracteriza a vida! É o que nos permite sair em busca do encontro possível, sentir a alegria de nossas conquistas, chorar nossas perdas e frustrações; nos indignar com as injustiças, estabelecer nossos limites, dizer nossos "nãos", mas também dizer "sim". É o que nos leva ao encantamento com um pôr do sol mesmo que já tenhamos visto outros duzentos antes. É a contemplação da magia do sorriso de uma criança que acaba de descobrir algo novo, é ter espasmos e se ver ondular no ápice de um orgasmo intenso e é também se deixar preencher pela plenitude de repousar a cabeça no colo de quem amamos, sem pressa para ir embora. Movimento é o que nos faz sentir vivos! O trauma nos rouba ritmo e movimento.

É desta forma que eu convido você a olhar para o sistema nervoso: como um elegante sistema de processamento de informações, coordenação de ritmo e movimento. Dada a sua complexidade, o sistema nervoso possui várias subdivisões. A primeira delas é entre **sistema nervoso central** (SNC) e **sistema nervoso periférico** (SNP).

Sistema nervoso central (SNC)

É composto de encéfalo (órgão localizado dentro do crânio cuja parte mais desenvolvida é o cérebro) e medula espinhal (espécie de cordão de tecido nervoso que se estende ao longo do canal formado pela coluna vertebral). É lindo perceber que a natureza, em sua sabedoria, tratou de desenvolver uma proteção óssea para essas duas estruturas frágeis e vitais. Encéfalo e medula são como joias que já vieram da loja dentro de um porta-joias bem resistente. Encéfalo protegido pelo crânio e medula protegida pela coluna vertebral.

O SNC é a nossa central de controle. Recebe informações de diferentes áreas do corpo, as interpreta e transmite comandos a partir delas.

Encéfalo protegido pelo crânio

Medula protegida por coluna vertebral

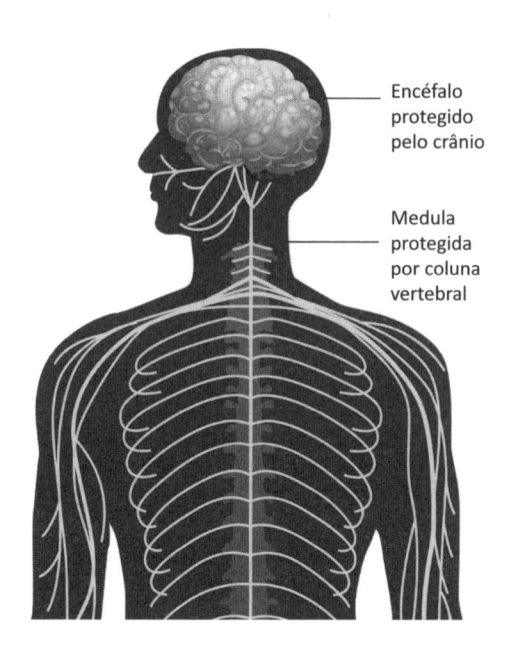

Sistema nervoso periférico (SNP)

Já o sistema nervoso periférico é composto de feixes de nervos que conectam o sistema nervoso central ao restante do corpo. Imagine uma estação central de metrô conectada a várias linhas que percorrem uma cidade. A estação central é o sistema nervoso central, e as linhas do metrô que saem e chegam à central são as vias que formam o sistema nervoso periférico. Essas vias são raízes nervosas que se organizam em plexos: o plexo braquial, na região da cervical; e o plexo lombossacro, na região de mesmo nome. Os nervos periféricos têm origem nos plexos e se comunicam com os músculos através da junção neuromuscular. Algumas das vias do SNP são responsáveis por levar informações do corpo para o cérebro; são as vias aferentes. Outras vias são responsáveis por levar comandos do cérebro para o corpo; são as vias eferentes.

O sistema nervoso periférico se subdivide ainda em outros dois sistemas: o **sistema nervoso sensório-somático** (SNSS) e o **sistema nervoso autônomo** (SNA).

Sistema nervoso central
Encéfalo
Medula espinhal
Sistema nervoso periférico
Nervos

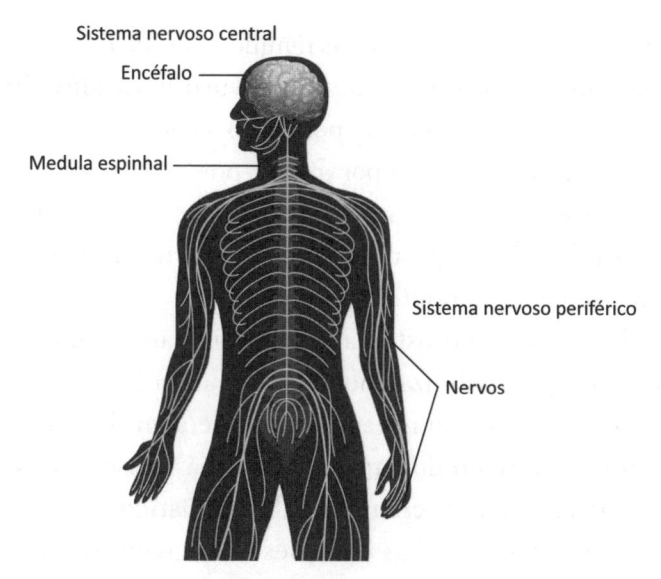

Sistema nervoso sensório-somático (SNSS)

É composto de neurônios sensoriais e neurônios motores. Os neurônios sensoriais são responsáveis por captar as informações do meio externo através dos órgãos do sentido e as informações do meio interno que vêm de nossas vísceras. Já os neurônios motores enviam comandos aos músculos que irão mover as articulações, resultando em movimentos. É o sistema nervoso sensório-somático que me faz, por exemplo, receber informações de que meu estômago está vazio. Essas informações são interpretadas no meu sistema nervoso central como fome. Os neurônios motores, por sua vez, me fazem levantar da cadeira e ir até a cozinha preparar um lanche.

Sistema nervoso autônomo (SNA)

Este outro ramo do nosso sistema nervoso periférico se especializou nas funções vitais e involuntárias do corpo, como respiração, digestão, batimentos cardíacos, regulação da pressão arterial, comando da contração e relaxamento das paredes dos órgãos.

O SNA sofre ainda mais duas ramificações, dividindo-se em **sistema nervoso simpático** e **sistema nervoso parassimpático**. Esses dois ramos do sistema nervoso periférico serão nossos companheiros constantes de viagem daqui por diante, pois, entre outras coisas, eles regulam o ritmo entre excitação e relaxamento no corpo. Estão amplamente envolvidos na resposta ao estresse, na ativação de nossas defesas de sobrevivência e, portanto, no trauma.

Podemos pensar o sistema nervoso simpático como um acelerador de carro. Ele mobiliza energia para nos colocar em movimento e para nos preparar para reagir diante de algo. É o nosso sistema de mobilidade. Segundo van der Kolk, há quase dois mil anos, o médico romano Galeno chamou-o de "simpático" ao notar que esse sistema funcionava com as emoções – do grego *sym* (com), *páthos* (emoção).

Já o sistema nervoso parassimpático ("contra emoções") funciona como um freio, ajudando-nos a descarregar a excitação do simpático e desacelerar. Ele nos relaxa e controla funções essenciais como digestão, cicatrização de feridas e repouso. É o sistema de imobilidade.

Da mesma forma que não é recomendado frear e acelerar um carro ao mesmo tempo, o bom funcionamento dos sistemas simpático e parassimpático acontece pela alternância rítmica entre eles, de acordo com as necessidades de cada situação que vivemos. Quando nos sentimos em segurança, ocorre um ritmo alternado e suave entre os dois sistemas, pendulando entre carga e descarga, entre excitação e relaxamento, movimento e recolhimento. Essa alternância rítmica nos traz a sensação de bem-estar e, mais uma vez, nos dá pistas de que saúde e bem-estar não são um estado inerte, mas resultado de ritmo e movimento.

Quando nos deparamos com uma situação desafiadora, o corpo produz uma carga de estresse que ativa o sistema nervoso simpático, fazendo-o assumir o controle e interrompendo a alternância rítmica.

As três fases de resposta ao estresse: alerta, resistência e exaustão

Talvez você já tenha escutado que nem todo estresse é prejudicial, e isso é verdade. O simples fato de vivermos uma situação estressora não nos coloca necessariamente em uma experiência traumática. Os desafios fazem parte da vida e, por isso, a natureza nos dotou de um corpo sofisticado em sua capacidade de responder ao estresse. "Todo trauma é estressante, mas nem todo estresse é traumático", como bem nos traz o médico Gabor Maté.

Mas, se a resposta ao estresse tem a função importante de nos preparar para lidar com os desafios que a vida apresenta, quando o estresse deixa de ser uma resposta natural e adaptativa e passa a causar dano?

A Síndrome de Adaptação Geral (SAG) é uma proposta de explicação da resposta do organismo ao estresse que pode nos auxiliar nesse entendimento. Ela começou a ser descrita na década de 1930 pelo médico austro-húngaro Hans Selye, que se debruçou a estudar detalhadamente o estresse. O trabalho de Selye foi ampliado por outros estudiosos, e outros elementos fazem parte dos avanços mais recentes da neurociência do estresse, mas a SAG continua a ser um bom ponto de partida para a compreensão de como o organismo reage diante de algo que nos parece perigoso ou ameaçador. Ele propõe três fases de resposta ao estresse: alerta, resistência e exaustão.

Fase 1: alerta

Essa é a primeira reação no momento em que o desafio se apresenta para nós. Imagine que você está andando em uma rua escura e percebe algo comprido e cilíndrico se arrastando à sua frente. Antes de pensar: *Será que é uma cobra?*, é provável que você já tenha saltado para trás. É uma reação reflexa que nos ajuda a responder de forma rápida às situações de potencial perigo, sem precisar pensar.

Uma das primeiras áreas envolvidas na reação ao estresse é a amígdala, uma pequenina estrutura que leva o mesmo nome daquela encontrada na garganta. Essa, porém, está enterrada lá no centro do cérebro, em uma área conhecida como sistema límbico ou sistema emocional. Imagine que a amígdala cerebral é um alarme de incêndio que dispara assim que o sensor detecta fumaça, só que esse sensor é muito sensível e dispara tanto se a fumaça vier de uma panela que foi esquecida no fogo quanto se a casa estiver em chamas.

A amígdala, sozinha, não consegue nos fornecer a orientação mais precisa sobre o perigo e como agir diante dele: se é para ir até a cozinha e desligar o fogo ou sair correndo o mais rápido possível da casa em chamas. Para isso, ela precisa do auxílio de outras áreas próximas e conectadas a ela, como o hipocampo, que é uma estrutura envolvida no processamento das memórias. Mas, antes mesmo de chegar essa ajuda das outras áreas para discriminar se aquela é realmente uma situação de risco e se ela é grave, o alarme da amígdala já está disparando, dando início a uma cascata de hormônios e impulsos nervosos que "acordam" nosso amigo sistema nervoso simpático, nos fazendo, por exemplo, saltar para trás diante da suposta cobra no caminho. Nesse primeiro momento, a resposta ao estresse é mediada principalmente por adrenalina e noradrenalina.

Agora imagine que, em vez da suposta cobra, a ameaça venha do medo do término de um relacionamento, de um conflito familiar, da vergonha de falar em público ou do receio de perder o emprego. O sistema de estresse será também convidado a agir. Era a entrada na fase de alerta que fazia meu maxilar se contrair e minhas mãos tremerem e suarem quando eu escutava a professora chamar o meu nome para ler em voz alta, e isso aconteceu até bem pouco tempo atrás, se eu precisasse falar em público, um desafio que já foi muito assustador para mim. É o sistema de estresse entrando em ação que provoca aquele aperto no peito quando você recebe uma mensagem do seu parceiro ou parceira dizendo que vocês precisam conversar, o frio na barriga ao ver um e-mail do seu chefe marcando uma reunião para discutir uma meta não alcançada. É o que faz a respiração ficar curta e todos os músculos se contraírem quando você está prestes a ler o resultado do exame de uma doença grave que está investigando.

É também a ativação da amígdala diante de situações desafiadoras que deflagra ações extraordinárias, que em condições normais não seríamos capazes de fazer. Trata-se do chamado sequestro amigdaliano, que inibe as ações do córtex pré-frontal e nos enche de força e coragem, fazendo, por exemplo, com que uma mãe levante um carro para tirar o filho de debaixo dele, alguém corra ou nade em uma velocidade impensada para salvar a própria vida ou a de alguém que ama. Nesse estado, de sequestro da amígdala, somos capazes de atos de heroísmo, mas também de nos colocarmos em risco.

Fase 2: resistência

A resposta inicial ao estresse nos equipa com condições para responder rápido diante de uma situação, mas não é suficiente para que enfrentemos um desafio que se prolonga no tempo.

Imagine que a ameaça de demissão no trabalho, o conflito familiar, o problema financeiro ou qualquer outra situação estressora que você esteja vivendo não se resolva em um curto período, e que você precisará lidar com ela por vários dias, semanas, meses ou até anos. Aquela resposta imediata que fez o coração disparar, os músculos contraírem, a respiração acelerar não será suficiente para ajudar a lidar com esses desafios prolongados e, para que seja possível sustentar a resposta ao estresse, entra na jogada o sistema endócrino. A amígdala se comunica com o hipotálamo, uma área cerebral que tem importante papel na regulação emocional e na regulação de funções essenciais como temperatura, sede e fome. O hipotálamo ativa uma glândula localizada na base do cérebro: a hipófise, também conhecida como glândula pituitária. A hipófise, por sua vez, aciona glândulas que ficam acima dos rins e são responsáveis pela liberação do cortisol: as adrenais. Essa cascata, conhecida como eixo hipotálamo-pituitária-adrenal (HPA), nos coloca na segunda fase: sustentação da resposta ao estresse.

Até aqui, não existe necessariamente um problema. Nessa fase, o estresse pode ainda ser adaptativo. É a mobilização de hormônios do estresse que vai nos ajudar, por exemplo, a trabalhar mais horas em um projeto desafiador, que nos dá forças para dormir menos a fim de cuidar de uma pessoa amada doente ou para lidar com uma crise familiar. Mas, se o que deveria ter início, meio e fim continua por tempo indeterminado, a chance de esse estresse se tornar danoso aumenta exponencialmente.

Fase 3: exaustão

É hora de voltarmos à pergunta lá do início desta seção: "Quando o estresse deixa de ser uma resposta natural e adaptativa e passa a causar dano?".

O estresse traumático pode ser resultado tanto da sustentação da resposta ao estresse por tempo prolongado, levando o organismo à exaustão, quanto de uma carga que ativou o sistema de estresse de forma rápida e intensa demais, como em uma situação inesperada e emocionalmente impactante. A experiência de estresse elevado cedo demais, quando ainda não temos condições de desenvolvimento neurológico para processar aquela experiência, é também uma condição que transforma uma reação que inicialmente tem por objetivo nos proteger em uma reação danosa. É por isso que os traumas infantis têm um impacto tão importante, com consequências que podem perdurar para a vida inteira.

Essa sobrecarga no sistema de estresse é o trauma, e pode ter inúmeros desfechos. O transtorno do estresse pós-traumático (TEPT) é o desfecho mais conhecido. Foi o que aconteceu com Carol e Letícia após o desmoronamento, fazendo-as serem tomadas por memórias do acidente quando menos esperavam, aumentando seus níveis de ansiedade basal, produzindo pesadelos e as fazendo evitar viagens por quase dois anos pós-acidente.

Mas o TEPT é apenas um de muitos dos desfechos possíveis de um trauma. A ferida traumática pode nos levar a padrões de comportamento ou de relacionamento que são prejudiciais para nós, como dependência e codependência emocionais, compulsões e vícios, indecisão e procrastinação severas e comportamentos autodestrutivos. Pode, também, aumentar o risco de quadros de depressão, ansiedade e outras condições mentais. E, ainda, abrir janelas para outros tipos de adoecimento, como problemas gastrointestinais, cardíacos, doenças de pele, doenças autoimunes, entre outras. Estresse crônico gera inflamação, e quando o estresse se tornou traumático, temos um corpo atuando de forma constante em um funcionamento que deveria ser transitório. Ficamos mais vulneráveis ao adoecimento físico, mental e emocional.

BURNOUT É TRAUMA

A compreensão dessas etapas e da relação entre estresse e desfechos traumáticos nos trazem boas pistas para olhar a principal síndrome de estresse da atualidade como um desfecho de trauma. A Síndrome de Burnout é um trauma de exposição prolongada a estressores relacionados ao trabalho. Nas primeiras fases, dotada dos superpoderes da reação inicial ao estresse, a pessoa produz mais e melhor. O próprio aumento no desempenho e o reconhecimento que isso gera dificultam a percepção de que um problema pode estar começando. As fases intermediárias do burnout correspondem à sustentação da resposta ao estresse. Já será possível observar algumas alterações, como hiperfoco no trabalho, dificuldade para relaxar, aumento da irritabilidade e críticas mais rigorosas ao desempenho das outras pessoas. É frequente que comece a acontecer uma perda do interesse por atividades sociais e de lazer que antes eram prazerosas, gerando isolamento.

Se a pessoa segue sendo exposta a um contexto de trabalho estressor, que pode incluir sobrecarga de atividades, cobranças irreais por produtividade, relacionamentos com falta de confiança, de respeito e de colaboração, violação de limites pessoais e assédio, a sustentação da resposta ao estresse, somada agora ao isolamento e à restrição das atividades prazerosas que poderiam funcionar como reguladores, tornará a experiência cada vez mais traumática.

Nessa fase, os sinais de que existe um problema começam a ficar bem mais evidentes. Já estarão sendo vivenciadas alterações de sono e alimentação, queda significativa do autocuidado, crises de ansiedade ou episódios depressivos, queda do desempenho no trabalho e toda uma gama de sinais e sintomas que podem levar ao colapso físico, mental e emocional. O burnout nos conduz à sensação de desamparo e de falta de recursos para lidar com as situações mais cotidianas. O estresse relacionado ao trabalho deixou de ser adaptativo e se tornou traumático. Síndrome de burnout não é cansaço nem é necessariamente insatisfação com a atividade profissional. Burnout é trauma!

A forma como o mundo do trabalho vem se organizando, em que a produção é colocada acima de tudo e as pessoas são tratadas como commodities e não como seres com necessidades físicas, mentais e emocionais, tem transformado o burnout em um fenômeno dos novos tempos. É urgente que paremos de encará-lo como uma condição de adoecimento individual e passemos a olhar a síndrome de burnout como resultado de uma sociedade em que as pessoas passaram a valer pelo que produzem ou pelo que possuem, e não pelo que são. Reverter o crescimento acelerado e desgovernado dos índices de pessoas com diagnóstico de síndrome de burnout exige mais que medidas individuais, como acompanhamento médico, psicoterapia e mudanças no estilo de vida. É preciso repensar como estamos nos organizando enquanto sociedade e como entendemos trabalho e produtividade.

5

QUANDO AS DEFESAS DE SOBREVIVÊNCIA ASSUMEM O CONTROLE

> *É o que pulsa o meu sangue quente,*
> *é o que faz meu animal ser gente*
> *é o meu compasso mais civilizado e controlado.*
> ANGELA RO RO, "Compasso"

PLANOS DE AÇÃO PRÉ-PROGRAMADOS

Agora que já passeamos um pouco pela relação entre trauma e estresse, é um bom momento para nos aprofundarmos na relação do trauma com nossas defesas de sobrevivência e em como mente, história pessoal e comportamento participam desse enredo.

Relembremos o exemplo do capítulo anterior: você está caminhando e vê algo cilíndrico se arrastar na sua frente. Antes de ter certeza de que é realmente uma cobra, você já saltou para trás. Vamos pensar nessa reação reflexa ao potencial perigo como um tipo de "plano de ação" pré-programado, um conjunto específico de reações fisiológicas que produzem também movimentos específicos. Mas a natureza, em sua elegância, não nos deixaria à mercê de um plano de ação único para responder aos riscos e perigos. Ela tratou de providenciar, no mínimo, planos A, B e C, para o caso de algum falhar. Esses planos de ação são as nossas defesas inatas de sobrevivência, que são ativadas durante eventos potencialmente traumáticos. Nas abordagens mais clássicas sobre trauma, as defesas de sobrevivência estão categorizadas em luta, fuga e congelamento. Aqui trabalharei com a classificação proposta por Steele, Boon e Hart, que desdobra essas três categorias em sete defesas de sobrevivência: engajamento social, grito por ajuda, fuga, luta, congelamento, flag e colapso.

DEFESAS SOCIAIS: ENGAJAMENTO SOCIAL E GRITO POR AJUDA

Certa vez, eu assistia a uma aula da professora e especialista em trauma Liana Netto quando a escutei dizer: "Nossa espécie é nominada pelo vínculo. Somos mamíferos porque mamamos uns nos outros, e isso já pressupõe a necessidade de uma díade: um que mama e outro que dá de mamar". Sempre que me lembro dessa frase, ela me remete às nossas primeiras defesas de sobrevivência: engajamento social e grito por ajuda.

Os dois "planos de ação" mais primários de que dispomos envolvem a busca de conexão e vínculo com outros. Termos nos organizado em grupos ao longo do desenvolvimento da espécie se tornou a nossa proteção mais poderosa, tendo em vista que não somos a espécie mais forte, mais ágil nem com os sentidos mais aguçados. É bem provável que, se não fosse a capacidade de estabelecermos relações entre nós, estaríamos fadados ao mesmo destino que muitas espécies tiveram no decorrer das eras: a extinção.

Quando uma criança com medo busca pelo colo de proteção de seus cuidadores, quando procuramos alguém que amamos para "pedir colo" depois de uma decepção ou de uma notícia ruim, quando nos sentimos melhor depois de desabafar com um colega sobre a dificuldade de relacionamento com aquele chefe autoritário e desrespeitoso, estamos utilizando o plano A de nossas defesas de sobrevivência: a conexão e o vínculo como proteção e como estratégia para regulação do estresse. Estamos na defesa do engajamento social.

Mas essa defesa de sobrevivência, apesar de ser a mais sofisticada e protetiva, não funciona tão bem em situações em que a carga de estresse se eleva de forma rápida e intensa. Quando corpo e mente recebem a informação de uma experiência que apresenta um risco maior à vida, o engajamento social dá lugar às outras defesas, entre elas o grito por ajuda. Ainda estamos no âmbito da busca de conexão como proteção, mas, aqui, o desconforto da experiência estressora está mais próximo do pânico. É o grito por socorro durante um acidente, é o choro misturado com grunhidos em uma situação de violência, é quando um bebê se esgoela no berço porque está com fome ou com dor.

Esse último exemplo nos coloca novamente diante da sabedoria elegante de nosso corpo. Nós nascemos com o sistema nervoso bastante imaturo. A maior parte do desenvolvimento cerebral de uma pessoa acontece após o seu nascimento e finaliza mais de duas décadas depois, por volta dos 24 anos. É por isso que não nascemos andando e falando, por exemplo. Andar, falar, reter memórias, raciocínio, controle de impulsos e outras funções complexas que realizamos dependem do amadurecimento de nosso sistema nervoso, que vai acontecendo aos poucos ao longo do desenvolvimento, depois do nascimento. À medida que crescemos, ganhamos janelas de oportunidade para adquirir habilidades e funções humanas complexas.

Mesmo com esse sistema nervoso tão imaturo que não permite a um bebê sobreviver sem o cuidado de alguém, quando nascemos, algumas áreas do cérebro estão em um estágio mais avançado de desenvolvimento do que outras. E, não à toa, entre as áreas mais desenvolvidas ao nascimento estão aquelas responsáveis pelo aparelho fonador e deglutidor, o que nos permite mamar e chorar, duas funções essenciais à sobrevivência.

O choro do bebê é a defesa disponível para que ele possa afetar um outro humano mais capaz na direção de suas necessidades. É a defesa de grito por ajuda, nossa defesa mais primária, pois já está presente desde o nascimento. É a forma de comunicar fome, dor, frio, medo, que fez xixi, cocô e precisa ser limpo ou qualquer outra necessidade que esteja elevando a carga de estresse no corpinho dele. Por isso, bebês ou crianças quietinhas demais me chamam mais a atenção para algo que não vai muito bem do que uma criança que consegue entrar em sua defesa de grito por ajuda e depois se acalmar quando sua necessidade está atendida ou quando recebe o contato afetuoso de seu cuidador.

Importante lembrar que a experiência de estresse no bebê e na criança muito pequena é exclusivamente física. Áreas envolvidas no processamento racional, como córtex pré-frontal, por exemplo, não têm ainda maturação suficiente para dar significado às experiências de desconforto sensorial que elevam a carga no sistema nervoso simpático e que, se não forem moduladas por uma outra pessoa, de preferência um adulto sintonizado às necessidades da criança, a subida da curva de estresse vai chegar a um ponto em que o próprio corpo precisará interromper e "desligar" para garantir a sobrevivência diante da sobrecarga.

É com base nesse entendimento que as escolas modernas de trauma desaconselham orientações parentais que já foram feitas no passado, como deixar um bebê chorar no berço para "aprender" a hora de mamar. Se um bebê ou uma criança muito pequena ainda não tem desenvolvimento cerebral compatível com a aprendizagem racional, o que acontece não é um aprendizado de fato, mas uma experiência de estresse que chega a tal ponto de sobrecarga que dissociar se torna a única forma de garantir a sobrevivência. A criança para de chorar porque seu cérebro precisou "desligar" o pedido de ajuda dela para evitar danos maiores. Ela saiu da defesa de grito por ajuda e entrou no congelamento.

Apesar de esse recurso de emergência do cérebro suspender a experiência de estresse, a sobrecarga não é interrompida sem consequências, e pode levar a prejuízos importantes no desenvolvimento de uma pessoa. O estresse tóxico infantil impossibilita a vivência de apego seguro com os primeiros cuidadores e, além de começar a moldar um padrão de relacionamento baseado no medo e na dor, pode impactar o bom desenvolvimento do sistema nervoso que está em formação e, com isso, em dimensões muito importantes como: regulação emocional, capacidade de estabelecer vínculos e funções executivas. As funções executivas são um conjunto de funções cognitivas importantíssimas e incluem, por exemplo, raciocínio lógico, memória operacional, controle de impulsos, capacidade de planejamento e de focar a atenção.

DEFESAS ATIVAS: LUTA E FUGA

Agora vamos imaginar que, diante da situação potencialmente traumatizante, o plano A não deu certo ou não foi possível colocá-lo em prática. Em muitas situações, não será possível gritar por ajuda nem buscar a conexão como forma de resolver ou de reduzir a sobrecarga de estresse. Precisaremos, então, acionar o plano B: as defesas ativas de luta e fuga.

Lutar e fugir são defesas ativas de sobrevivência que podem acontecer em conjunto com as defesas sociais ou de forma isolada. São chamadas de ativas porque são mediadas pelo sistema nervoso simpático, que é o nosso sistema de movimento, lembra? Corpo e mente estão tentando fazer algo para se defender.

Vamos lembrar de alguns exemplos que citei ao falar sobre a resposta do corpo ao estresse: o aperto no peito quando você recebe uma mensagem do seu parceiro ou parceira dizendo que precisam conversar, o frio na barriga ao ver um e-mail do seu chefe marcando uma reunião para discutir a meta não alcançada, a respiração curta ou a contração dos músculos quando está prestes a ler o resultado do exame de uma doença grave que está investigando. Todas essas sensações físicas fazem parte das defesas de luta ou fuga sendo acordadas.

O corpo se prepara para agir e promove uma sequência de reações fisiológicas que o ajudará a se defender do perigo: a pupila dilata para que você possa se orientar melhor no espaço; a respiração e os batimentos cardíacos aceleram para oxigenar melhor e bombear mais sangue e nutrientes para os músculos longos do corpo, tonificando pernas e braços para o caso de precisar literalmente fugir ou lutar; a salivação diminui para ajudar a bloquear as funções digestórias; a sudorese aumenta para equilibrar a temperatura de um corpo que entrou em aceleração do metabolismo e está aquecendo por dentro, mas, por outro lado, as extremidades podem ficar frias em função da contração de vasos, limitando o fluxo de sangue para a pele e reduzindo a quantidade de calor que é dissipada pela superfície dela.

Toda essa sinfonia tocada pelo corpo pode nos fazer encarar a conversa com o cônjuge ou pedir para conversar em outro momento, debater com o chefe sobre a meta não alcançada ou tentar adiar a reunião para buscar mais dados e argumentos, abrir o envelope do exame de pronto ou esperar para estar na presença do seu médico ou de alguém em quem confie.

A palavra fugir em nossa cultura pode ter conotações pejorativas e ser associada à covardia ou a uma saída menos "nobre" que lutar, mas isso não se aplica às defesas de sobrevivência. Lutar e fugir são duas reações igualmente importantes e sem hierarquia entre elas. Uma não é melhor que a outra. Quando falamos em defesa de sobrevivência, a melhor é aquela que nos faz sobreviver com maior integridade física, mental e emocional. Há situações em que o enfrentamento será a opção mais adequada, como quando precisamos dizer um não ou reposicionar um limite, mas, se estamos discutindo com alguém muito alterado emocionalmente e que não está escutando, talvez a melhor opção seja nos retirarmos da discussão e pedir para conversar em outro momento. Fugir é tão digno quanto lutar, tudo vai depender da situação.

DEFESAS DISSOCIATIVAS: CONGELAMENTO, FLAG E COLAPSO

Todas as vezes que escrevo a palavra congelamento neste livro, as imagens que me visitam são dos meus anos de suposta timidez, dos brancos que eu tinha até alguns anos atrás quando precisava falar em público ou da dificuldade de me posicionar em uma situação, algo que era comum na minha adolescência e início da vida adulta.

As defesas dissociativas são o plano de emergência quando os planos A e B não estão disponíveis. Na impossibilidade de buscar conexão, gritar por ajuda, lutar ou fugir, saímos do modo ação, mediado pelo sistema nervoso simpático, e o controle é assumido progressivamente ou de súbito pela imobilidade gerenciada pelo sistema nervoso parassimpático.

A primeira defesa dissociativa é o congelamento, que podemos pensar como uma defesa de transição entre os domínios simpático e parassimpático. No congelamento ainda há muita carga simpática, e por isso podem ser vividas reações como: músculos tensionados, frequência cardíaca acelerada e respiração alterada. Mas o corpo é tomado por uma imobilidade tônica. Há tensão, mas essa não consegue se transformar em movimento.

Fica fácil perceber a resposta de congelamento nas situações em que uma pessoa literalmente paralisa diante de uma tragédia ou de um acidente, por exemplo, mas o congelamento se manifesta também de outras formas, como na dificuldade de provocar mudanças nas situações vividas. Também pode aparecer na forma de dissociação das funções psicológicas, levando à redução da atenção, lapsos de memória ou anestesia das sensações. Por isso, apesar de não paralisar por completo na hora de falar em público, eu estava na defesa de congelamento, o que me fazia ter brancos sobre o tema de que deveria falar. Era minha memória se dissociando da minha atenção em função da elevada carga de estresse. Era o congelamento que me tornava supostamente tímida, e é também o processo de congelamento traumático que faz muitas pessoas perderem a capacidade de se moverem em direção a relações mais saudáveis e respeitosas, fazendo-as permanecer em situações que são nocivas para elas, como relações abusivas, por exemplo.

Mesmo depois de entrar em uma defesa de congelamento, o estresse pode continuar a subir de tal forma que leva a pessoa ao extremo das respostas dissociativas: o colapso. No colapso, a tentativa do corpo e do cérebro de frear um processo de subida descontrolada de estresse pode levar à perda de sentidos. Enquanto desmaiar é a manifestação mais extrema das repostas dissociativas, um desaceleramento gradual é comumente observado. Nesses casos, não se perde de uma vez a conexão

Fugir é tão digno quanto lutar,
tudo vai depender da situação.

com os sentidos, mas, gradativamente, os pensamentos vão ficando mais dispersos, lentos e confusos, os batimentos cardíacos e a respiração caem de ritmo, os músculos vão amolecendo em uma sinalização clara de que o controle fisiológico foi assumido pelo sistema parassimpático. Essa defesa de transição entre o congelamento e o colapso foi nomeada de "flag" por Schauer e Elbert. Vou optar por manter o termo em inglês cunhado pelos autores, mas em uma tradução livre para o português seria algo como "sinal de bandeira", um amolecimento que sinaliza que o sistema já não percebe possibilidade de saída para a situação desafiadora e se prepara para desligar.

FIXAÇÃO: QUANDO A DEFESA DE SOBREVIVÊNCIA SE TORNA UMA RESPOSTA TRAUMÁTICA

Todos os planos de ação que representam nossas defesas inatas de sobrevivência são formas inteligentes e saudáveis de o corpo ter uma primeira reação aos desafios que a vida apresenta. Inclusive as defesas de congelamento, flag e colapso têm função inicialmente protetiva. Não existe nenhum problema em entrar nelas, ao contrário, o esperado é que diante de riscos e desafios possamos acessar aquela que mais se adeque a cada situação vivida. O problema é entrar e não sair delas. O trauma pode provocar esse tipo de fixação, fazendo com que, dali em diante, a defesa mais disponível para nós seja sempre aquela que ficou fixada ou bloqueada no momento do evento traumático. Nossas opções de plano de ação ficam restritas a uma forma única de reagir ao estresse, mesmo que não seja a reação mais apropriada à situação e nem a mais protetiva para nós.

O que deveria ser um processo de ativação/desativação, excitação/relaxamento, entrada/saída da defesa de sobrevivência se transforma em um caminho só de ida. A defesa de sobrevivência não é descarregada de modo adequado e se repete sempre que alguma pista sensorial lembra minimamente o trauma. Isso nos faz reagir diante de novas experiências como se estivéssemos vivendo a mesma ameaça vivida no passado. A defesa saudável de sobrevivência se tornou uma resposta traumática, e o presente se torna uma constante repetição do passado.

Mesmo diante de seus relacionamentos na vida adulta, Bia continuava a reagir como a criança responsável por manter a harmonia e por reduzir todo e qualquer conflito ao seu redor. As fofurices e palhaçadas passaram a ser direcionadas aos amigos e aos parceiros amorosos. Ela assumia responsabilidades que não eram suas e se sobrecarregava no trabalho. Não conseguia estabelecer limites, e agradar a todos era uma forma de lidar com o medo do desamparo, mesmo que isso custasse negligenciar as próprias necessidades.

Diferente de Bia, que fixou na distorção da resposta de engajamento social, eu fixei em uma resposta de luta que durante muito tempo ficou encoberta pelo congelamento. Na fase de congelamento, devido a uma apresentação no colégio ou na faculdade, até mesmo uma reunião de trabalho depois de formada, lá estava eu tentando conter o tremor, suando frio e tendo brancos. Mais tarde, a saída do congelamento descortinou uma resposta de luta interrompida. E eu passei a me relacionar com o mundo sempre no modo de guerra. Me tornei altamente reativa e agressiva.

A fixação pode ocorrer em qualquer uma das respostas. Muitos dos comportamentos que tentamos modificar e não conseguimos envolvem a fixação em defesas de sobrevivência. Aquilo que em algum momento serviu para nos proteger, agora se apresenta como um obstáculo ao nosso desenvolvimento. Enxergar o fenômeno das fixações traumáticas por essa lente pode ser um bom começo para que, em vez de nos olharmos com autocondenação, possamos nos olhar pelas lentes da autocompaixão.

Julgar as próprias respostas traumáticas como defeitos incorrigíveis nos paralisa diante de um destino predeterminado, mas um olhar compassivo para essa parte em nós, que está fragmentada e amedrontada, pode nos direcionar para caminhos de integração que devolvam a segurança e, com ela, a possibilidade de mudança. Torna-se possível sair da defesa fixada e voltar a transitar entre as infinitas possibilidades do momento presente. A saída da fixação traumática começa com a autocompaixão e se direciona para o retorno à fisiologia de segurança. Seguros de que podemos existir como somos, podemos olhar para as partes em nós que negamos, escondemos, reprimimos, rejeitamos ou fomos ensinados a rejeitar ao longo de nossa história.

6

AS DUAS FACES DA DESCONEXÃO: HIPERVIGILÂNCIA E DISSOCIAÇÃO

> *As partes de mim*
> *que ainda não são*
> *cicatrizes*
> *logo vão notar*
> *que tudo em mim é*
> *possibilidade*
> RYANE LEÃO, *Jamais peço desculpas por me derramar*

DE TÍMIDA E ENVERGONHADA À FRIEZA IMPLACÁVEL

Algo em mim mudou no início da vida adulta. Os lapsos de memória não me ajudam a delimitar exatamente em que momento ocorreu essa mudança, por isso às vezes penso que foi quando entrei na faculdade de Psicologia. Mas depois me lembro de situações anteriores, nas quais já estava um pouco diferente da criança que se encolhia na sala de aula para passar despercebida. Embora eu não tenha uma precisão temporal, há sem dúvida um marco importante no final da minha infância: o falecimento do meu pai.

Mais uma vez, caminharemos por um conteúdo sensível, portanto lhe peço que respeite seu limite.

Ser uma mulher negra me coloca dentro de experiências muito específicas de trauma, estudadas atualmente por especialistas na área temática do estresse racial, como Resmaa Menakem, Thema Bryant e Phillip Atiba Goff. Mas o fato de não ter crescido em um ambiente de extrema vulnerabilidade social me protegeu de muitas situações a que a maioria das crianças negras no Brasil estão expostas.

Estávamos longe de sermos bem resolvidos financeiramente. Ao contrário, a dificuldade financeira era uma temática frequente em casa; ainda assim, meus pais tinham grande preocupação com a minha educação e a de meus irmãos, e os recursos que conseguiram alcançar em resultado da pequena ascensão social do meu pai como bancário foram mobilizados para nossos estudos. Portanto, desde cedo o estudo era visto como prioridade e nossa principal obrigação. Hoje entendo que nossa condição social era bem mais digna do que me parecia na época, quando eu me comparava com as outras crianças das escolas particulares que frequentei. Lembro-me de sentir muita vergonha do Fiat 147 bege velhinho que minha mãe dirigia ao me buscar na escola, enquanto alguns dos meus colegas tinham até motorista. Ou porque ganhei uma Barbie no Natal, mas as meninas da minha sala foram presenteadas com o Ken, a Barbie, o castelo e toda a coleção de vestidos de festa da boneca. Eu não tinha nenhuma consciência naquela época de quanto – apesar de me sentir distante das outras crianças com as quais convivia – nós vivíamos em uma bolha social comparado à maioria das famílias negras brasileiras. Eu me recordo de mentir algumas vezes sobre a região em que morava, por ser uma cidade na periferia de Brasília, e não um bairro nobre do Plano Piloto, e de inventar que havíamos viajado nas férias, já que todos retornavam às aulas contando de seus passeios incríveis.

Ao mesmo tempo que a pequena ascensão social de meus pais, dois nordestinos com uma história de muitas dificuldades, possibilitava a mim e meus irmãos alguns acessos que nem meu pai nem minha mãe tiveram quando crianças, ela nos colocava em um contexto no qual não nos enxergávamos. Muitas vezes, erámos as únicas crianças negras na sala da escola particular ou no playground do condomínio. Eu me sentia sempre aquém das outras crianças. Demorou bastante tempo para eu compreender que tudo que meus pais se esforçavam muito para nos proporcionar eram coisas com as quais eles próprios nem poderiam sonhar quando crianças.

Talvez esse contexto já fosse o suficiente para preencher com algumas peças o mosaico da criança com vergonha de existir que eu fui, mas havia algo mais importante: o mundo da porta para dentro de casa não era seguro. Era um ambiente cheio de contrastes, imprevisibilidade e alternância entre vivências alegres com experiências de conflito e violência.

Eu me lembro pouco do meu pai antes do alcoolismo. Não sei se começou antes ou depois que nasci, mas em minhas memórias mais remotas já estão presentes tanto a imagem do homem que me pegava no colo e me chamava de "coisa linda do pai" quanto as imagens do homem violento chegando bêbado em casa, quebrando as coisas e batendo na minha mãe. Imagens dela pedindo ajuda aos vizinhos ou trancada comigo e meus irmãos no quarto enquanto ele socava a porta reaparecem vez ou outra e me transportam para dentro de uma criança que, na impossibilidade de lutar, fugir ou gritar por ajuda, dissociava.

Era como se eu estivesse assistindo a um filme, vivia aquilo sem choro e sem desespero externo, apesar do tremor interno. Era como se não fosse a minha história real. Acho que foi aí que comecei a criar histórias sobre mim na minha cabeça. As cenas de violência cada vez me impactavam menos, até que chegou o tempo em que eu não sentia mais medo, ansiedade... nada. Era como se eu me ausentasse do corpo quando a confusão começava.

Dez anos. Essa era a idade que eu tinha no dia em que minha tia e madrinha foi me buscar na aula. No caminho, ela não conseguia esconder o nervosismo. Quando vi algumas lágrimas caírem, perguntei o que tinha acontecido. E ela me respondeu entre pausas: "Seu pai". "O que foi?", eu quis saber. "Morreu", foi o que ela me disse. Fui tomada por um grande vazio, seguido de algum tipo de alívio que durante anos se associou à culpa de estar aliviada. Lembro-me de uma única palavra chegar a meus pensamentos: *Acabou!*

Sempre vi minha mãe como uma mulher forte, que fazia tudo pelos filhos e dava conta de muita coisa sozinha. Uma realidade de muitas mulheres brasileiras e, em especial, das mulheres negras. Com a morte do meu pai, porém, eu me desliguei não só da violência doméstica, mas também de minha mãe. Assim que tive oportunidade, aos 22 anos, saí de casa e fui morar em outro estado. Sentia uma raiva que não tinha explicação, afinal ela era a vítima ali. E violência, em especial a violência doméstica, é algo que não pode ser flexibilizado nem tolerado em nenhuma circunstância. Meu lado racional sabia disso, mas eu simplesmente não conseguia me aproximar dela.

Foi só quando algumas poucas memórias de momentos fora dos episódios violentos envolvendo meu pai alcoolizado voltaram, quase trinta anos depois da morte dele, que consegui colocar palavras nesse sentimento e no muro que se criou entre minha mãe e eu. Foi quando me dei conta de quanto o comportamento dela conosco, seus filhos, nos invalidava, apesar de ela repetir que se sacrificava por nós (e isso era verdade) e de nos defender com unhas e dentes em muitas situações.

Contraditoriamente, havia muita invasão de limites, comparações e muita manipulação emocional. A verdade difícil de digerir era que eu me sentia mais vista e acarinhada pelo meu pai quando ele estava sóbrio do que por minha mãe a maior parte do tempo. O alívio com a morte dele vinha do fim daquela violência toda, mas o que eu sentia de desconexão com a minha mãe não tinha nada a ver com meu pai, mas com a relação direta entre nós duas.

Depois que saí de casa, por mais dez anos, minhas visitas eram quase protocolares. Eu ia passar o Natal ou algum outro período do ano, sempre por pouco tempo, e já chegava contando os dias para ir embora. Chegou um momento em que éramos duas estranhas uma para a outra.

Já lidei bastante com esse conteúdo ao longo dos anos e, de alguma forma, até me surpreende que uma emoção me visite agora, ao escrever estas linhas. Mas ela veio e preciso recepcioná-la. É uma emoção diferente de outras ocasiões nas quais entrei em contato com essa parte da minha história em terapia. Hoje, não é mais raiva nem vergonha, é uma emoção que dá contornos à constatação de que os dois – meu pai e minha mãe – estavam doentes, feridos e ferindo outros. É um misto de tristeza com compaixão pelos meus e por tudo que os levou aos próprios abismos. A constatação das violências raciais que meus pais experimentaram e como isso impactou a desestruturação da minha família, mesmo estando fora de um ambiente de extrema vulnerabilidade social, deflagrava os tentáculos do trauma racial, que abordarei mais à frente.

Como afirmei antes, não sei precisar quando algo mudou dentro de mim, mas sei que o falecimento do meu pai é um marco nesse período entre a criança tímida e retraída e a mulher crítica, exigente consigo mesma e com os outros e muito reativa que eu me tornei.

Era vista, inclusive pela família, como fria e distante. Estava sempre pronta para argumentar, comecei a me orgulhar de dizer o que pensava "na lata", e toda a minha energia era direcionada para não permitir que nada nem ninguém me fizesse me sentir menor. No fundo, a sensação de pequenez e o medo de ser violada em meus limites eram tão grandes que foi preciso uma armadura densa e pesada para me proteger. Essa armadura agora se confundia com quem eu era. Estava hipervigilante, dissociada de minha afetividade, e o congelamento dera lugar a uma resposta de luta fixada. Eu sobrevivia no modo de guerra.

Claro que essa é uma análise de hoje. Na época, eu não tinha consciência de nada disso. Eu estudava, saía com amigos da faculdade, continuava calada e distante em casa, mas cumpria com minhas obrigações e, eventualmente, até demonstrava alguma animação. Naquela época, parecia tudo normal, mas, olhando para trás, a minha percepção atual é de que eu vivia no piloto automático.

HIPERVIGILÂNCIA E DISSOCIAÇÃO: DOIS LADOS DA MESMA MOEDA

Enquanto o trauma não se resolver, o corpo tenta se proteger mantendo a resposta do organismo ao estresse. As respostas traumáticas são também respostas emocionais e, como já vimos, o medo é o regente dessa orquestra. Medo que pode ser real e do momento presente ou medo aprendido de experiências passadas. Medo da não sobrevivência, do abandono, de não ser suficiente, da rejeição. Em última instância, medo do desamparo. Se vínculo é nossa primeira necessidade essencial, desamparo é nosso medo primordial. Por isso, facilmente negociamos nossas outras necessidades por medo do desamparo, inclusive nossa necessidade de autenticidade.

As experiências traumáticas deixam uma infinidade de registros em nós. Gostos, cheiros, imagens, cores e sons fragmentados do trauma vão se combinar com o que vivemos no momento presente. Quando um desses fragmentos sensoriais toca traumas não resolvidos, somos lançados sem paraquedas nas defesas de sobrevivência mais disponíveis, ou seja, aquelas que de algum modo foram úteis no passado para garantir nossa sobrevivência. E se há uma fixação em alguma das respostas, ela se repete, se repete e se repete... até que se torna um padrão. Sempre que algo parecido acontecer, será a forma de agir e reagir mais disponível. O trauma limita nosso livre-arbítrio. Limita nossa possibilidade de sentir e fazer diferente.

É comum vermos nas redes sociais a ideia de que o cérebro é um órgão "preguiçoso", pois economiza energia ao nos direcionar para aquilo que é mais conhecido e, por isso, teoricamente menos desafiador. Isso evita que precisemos gastar uma quantidade enorme de energia a todo momento, aprendendo como agir e reagir a cada nova situação. É como se o que nos é familiar parecesse mais seguro, ainda que não seja de fato. No entanto, eu discordo de que "preguiçoso" seja um bom adjetivo para esse órgão tão vital e sofisticado.

Não é a "preguiça" do cérebro que nos faz repetir nossas defesas traumáticas. Diante da traumatização, a energia gasta para evitar que aquela dor se repita é imensa. Se proteger de um perigo que pode vir de qualquer lugar a qualquer momento passa a ser um grande objetivo, mesmo que a própria pessoa em traumatização não tenha total consciência de que está vivendo em estado de alerta e defesa constante.

Esse estado de autoproteção em que se torna difícil relaxar, levando a uma vida em sobressalto, é a hipervigilância causada pela intensa ativação na profundeza do sistema emocional do cérebro, de acordo com van der Kolk.

Da mesma forma, a dissociação passa a ser uma companhia frequente para as pessoas em traumatização. Dissociação é uma desconexão entre as funções psicológicas que deveriam funcionar de forma integrada, como uma engrenagem. As principais funções psicológicas afetadas no trauma são memória, consciência de eu, percepção, atenção, fala, pensamento, vontade, afetos e sensopercepção. Essa última é a capacidade de detectar as sensações físicas e interpretá-las. Todas essas funções, para o nosso bom funcionamento, precisam estar em constante conexão umas com as outras.

Ao receber a carga do estresse traumático, a engrenagem descarrilha, e esse contato harmônico é quebrado, o que pode ser temporário e reestabelecido depois do trauma ou pode se tornar permanente mesmo depois que o perigo já passou. Um exemplo clássico para a dissociação traumática é a amnésia dissociativa: quando uma pessoa esquece pontualmente o episódio traumático ou esquece todo um período envolvendo o trauma. A redução da atividade cerebral nas áreas envolvidas no processamento da memória durante o trauma está fortemente envolvida nesse tipo de dissociação. As memórias podem ficar apagadas de forma permanente ou podem retornar tempos depois.

Outro exemplo de dissociação traumática envolve a sensopercepção e os afetos, fazendo com que a pessoa se desconecte da sua capacidade de perceber com clareza suas sensações físicas e suas emoções. É um tipo de anestesia emocional. Na prática clínica, acompanhei inúmeras pessoas com esse tipo de dissociação traumática, e o relato mais comum entre elas é de que, com o tempo, começam a se sentir sufocadas pelo "não sentir".

Para pessoas em estado de dissociação, pode ser mais fácil encarar um esporte radical de alto risco do que situações de intimidade, como o aniversário do próprio filho ou um carinho de alguém que ama.

O trauma limita nosso livre-arbítrio.
Limita nossa possibilidade de sentir
e fazer diferente.

Saber que ama, mas não conseguir mais sentir esse amor é uma experiência interna angustiante. Por mais de uma vez em consultório eu ouvi pessoas mergulhadas no vazio da desconexão dizerem: "Eu me sinto um monstro". Para elas, assim como foi para mim durante muitos anos, é como se tivessem perdido aquilo que mais nos torna humanos: a capacidade de nos conectarmos emocionalmente com os outros.

Mas, apesar do desfecho avassalador que longos períodos de dissociação podem gerar, é importante lembrar que, em situações traumáticas, o descarrilhar da engrenagem que acontece na dissociação tem funções protetivas e pode ser a única saída que corpo, cérebro e mente encontram para nos manter vivos. Quando a dor é grande demais para ser sentida, dissociar pode ser a única alternativa viável para atravessar a situação traumática. Por isso, em um primeiro momento, tanto dissociação quanto hipervigilância são mecanismos de proteção.

AUTOSSABOTAGEM NÃO EXISTE

Além de moldar a forma como enxergamos a nós mesmos e o nosso sentir, dissociação e hipervigilância nos conduzem para a evitação máxima da dor traumática. Essa evitação pode, ironicamente, nos levar a comportamentos que, no momento presente, nos prejudicam ou nos impedem de dar passos em direção a uma existência mais plena e autoral. Um dos termos frequentemente utilizados para descrever esses comportamentos que sabemos que não nos beneficiam, mas que não conseguimos mudar, é autossabotagem. Essa é uma das expressões mais desnecessariamente culpabilizantes que o universo do autoconhecimento já criou.

Quando alguém provoca a saída de um relacionamento que poderia ser nutritivo para si, quando deixa de se candidatar para um emprego que lhe traria a realização que busca na carreira ou procrastina coisas que são importantes, o mais provável é que algo naquela experiência esteja sendo reconhecido como ameaçador ou perigoso, ainda que não seja, já que essas pistas respondem muito mais ao nosso sistema emocional que à nossa razão. *Sabotar* significa causar dano intencional. Acrescida do prefixo *auto*, a palavra *autossabotagem* significa "causar dano intencional a si mesmo". Ainda que flexibilizemos a intencionalidade, considerando que a intenção da ação não é consciente, estamos utilizando uma expressão que carrega consigo a ideia de causar dano para nos referirmos a comportamentos e reações que respondem às nossas defesas de sobrevivência. Estamos falando de excesso de autoproteção e não de uma parte em nós que quer nos prejudicar.

Antes que os mais apressados defendam que se trata apenas de semântica, adianto que linguagem faz muita diferença na forma como apreendemos a percepção sobre nós mesmos e sobre o mundo. A linguagem nos conduz em termos de autopercepção e de estratégias para lidar com as dificuldades. A linguagem traduz ideias, emoções, sentimentos e percepções, e pode ampliar ou restringir as possibilidades que enxergamos para lidar com desafios.

Quando me tornei uma terapeuta informada sobre trauma, uma das coisas que mais me impressionaram foi perceber como o universo das terapias está recheado de terminologias que mais acrescentam culpa e vergonha nas pessoas do que as auxiliam no desenvolvimento de autorresponsabilidade de fato. Muitas dessas expressões eu mesma utilizava, sem perceber o quanto eram inadequadas para o processo terapêutico.

Se estamos diante de uma pessoa cujo sistema corpo-mente age pelas lentes do medo aprendido, tudo que ela não precisa é acreditar que há uma parte dentro de si que joga contra ela. Isso impossibilita algo essencial: voltar a confiar no próprio corpo e sentir segurança na própria pele. *Como recuperar segurança se não posso confiar nem em mim mesma?* Um dos passos mais importantes no processamento de traumas é recuperar a capacidade de confiar nas próprias emoções, sensações e sentimentos, como se fossem partes de um GPS interno que nos ajuda a nos movimentarmos na vida.

Mas, para que seja possível recuperar a capacidade de confiar naquilo que se movimenta dentro de nós, hipervigilância e dissociação, que em um primeiro momento foram protetivas, não podem ser sustentadas indiscriminadamente. A hipervigilância fará o sistema nervoso chegar à exaustão com mais rapidez e começará a prejudicar outras habilidades importantes, como criatividade, exploração, capacidade de relaxar e estar com quem amamos. Não permite a saída do modo de guerra. A dissociação, por sua vez, sobretudo quando envolve dissociar-se dos afetos e das sensações, nos faz perder uma importante fonte de informação sobre o que vivemos dentro e fora de nós. Reduz nossa capacidade de empatia, nos desconecta de nós mesmos e, consequentemente, de tudo o que nos cerca: pessoas, tarefas, meio ambiente, sociedade.

Amedrontados e dissociados, nós nos tornamos presas fáceis para as mentiras que o trauma e a própria sociedade nos contam sobre nós. Acreditamos que não somos dignos de receber respeito, amor e atenção. Acreditamos que não somos capazes de lidar com os desafios que a vida nos apresenta e que não podemos confiar no que sentimos e pensamos. Por fim, estamos destituídos de nossa capacidade de fazer escolhas alinhadas com quem somos de verdade. Perdemos autenticidade. Passamos a acreditar que nossas necessidades são bobagens e violamos nossos limites a todo momento, ou não conseguimos reposicioná-los quando eles são violados por outros. Somos dominados pelo sentimento de inadequação e cada vez mais nos afastamos de quem somos para performar quem acreditamos que deveríamos ser.

Trauma é desconexão.

7

TIPOS DE TRAUMA: AGUDO, CRÔNICO E COMPLEXO

Não tenho medo da morte
Mas sim medo de morrer
Qual seria a diferença
Você há de perguntar
É que a morte já é depois
Que eu deixar de respirar
Morrer ainda é aqui
GILBERTO GIL, "Não tenho medo da morte"

Seguindo na tentativa de trazer conceitos como mapas de territórios, diferenciar os tipos de trauma pode nos ajudar na nossa localização em nossa travessia. Nesta seção, passaremos pelos traumas agudo, crônico e complexo, três categorias de classificação baseadas no tipo de exposição ao evento traumático.

TRAUMA AGUDO: A VIDA SEPARADA EM ANTES E DEPOIS DO TRAUMA

O **trauma agudo** é resultante de uma exposição episódica e impactante a um evento traumático. São aquelas situações em que, em geral, a pessoa tem consciência de que sofreu um trauma e esse evento se torna um marco na sua história, separando-a em antes e depois do trauma.

Em geral, o trauma agudo decorre de eventos que representam ameaça à vida ou risco à integridade física ou mental de uma pessoa. Pode ser, por exemplo, um acidente importante, uma perda repentina, o diagnóstico de uma doença grave ou sofrer uma violência ou abuso. Mas não é preciso que a experiência seja vivida em primeira pessoa para que o trauma agudo se estabeleça. Testemunhar violências e tragédias, saber de algo traumático com familiares ou alguém próximo também nos deixa vulneráveis a esse tipo traumatização.

Em geral, o trauma agudo ocorre de forma abrupta e inesperada, levando a uma elevação muito rápida da carga de estresse no corpo. Isso pode fazer o processo de resposta ao estresse ir de zero a cem em milésimos de segundos. Por isso, além do medo e da ansiedade característicos em situações estressoras, os traumas agudos são, com frequência, acompanhados de uma sensação intensa de vulnerabilidade e inescapabilidade. Nos sentimos sem saída. A dor e o horror que dominam a cena externa também inundam nosso mundo interno, caracterizando uma experiência extremamente desafiadora.

A reação ao trauma agudo pode tanto se apresentar na forma de hiperexcitação do sistema nervoso simpático, gerando angústia, agitação e pânico mesmo depois que o evento já passou, quanto pode levar a um mergulho direto nas respostas dissociativas, gerando uma aparente "calma". A pessoa entra em uma hipoexcitação pós-trauma, o que faz parecer que se recuperou rápido do ocorrido, mas ao mesmo tempo que a dissociação a protege de entrar em contato com a dor e com o sofrimento, também bloqueia a conexão com prazer, alegria e bem-estar. Em geral, as pessoas que ficam visivelmente abaladas depois de um trauma agudo despertam mais preocupação de seus familiares, amigos e até dos profissionais, mas aquelas que parecem calmas e que retomam suas rotinas rapidamente, como se nada tivesse acontecido, são as que, em geral, estão sustentando a maior carga de estresse traumático e que mais precisam de suporte e apoio.

As primeiras semanas após um trauma agudo são consideradas um período de ajustamento. Nessa fase, são esperadas alterações nas reações emocionais, alterações no padrão de sono ou alimentação, pesadelos, ter os pensamentos invadidos por memórias do trauma, flashbacks, bloqueio emocional ou evitação de lugares e pessoas que remetam ao sofrimento vivido. É uma fase em que corpo, mente e cérebro ainda estão respondendo ao trauma, mas pode ocorrer um retorno natural ao equilíbrio. Quando esses sinais e sintomas duram mais que quatro semanas, cabe a avaliação de um profissional especializado para entender se o trauma organizou um quadro de transtorno do estresse pós-traumático e, assim, seguir com o tratamento adequado.

TRAUMA CRÔNICO: A EXPERIÊNCIA QUE SE MISTURA COM A VIDA

Diferente do agudo, o **trauma crônico** não decorre de um episódio impactante específico, mas da exposição repetida e prolongada a situações estressoras. Alguns exemplos de eventos que podem gerar traumas crônicos são: adoecimentos repetitivos; viver um relacionamento abusivo, seja pessoal ou de trabalho, viver sob sítio durante uma guerra (como está acontecendo com milhares de pessoas no exato momento em que escrevo este livro, na guerra entre Israel e Palestina), sofrer abusos físicos, psicológicos ou sexuais repetidas vezes, sofrer ou ver pessoas que pertencem ao mesmo grupo que você sofrerem preconceitos, discriminações e violências ou mesmo estar à mercê de uma pandemia como ficamos recentemente.

Por serem vivências repetidas e que muitas vezes se misturam ao cotidiano, as experiências de trauma crônico podem não ser reconhecidas facilmente como trauma. Os relacionamentos abusivos são os melhores exemplos de como o trauma pode ser assumido como parte da dinâmica de vida de uma pessoa.

Nossa cultura, que carrega um grande histórico de opressões, acaba por invisibilizar e negar inúmeros traumas crônicos vividos por milhares de pessoas todos os dias. Racismo, machismo, homofobia, a vulnerabilidade social que expõe pessoas a um cotidiano sem acesso digno a condições de moradia, alimentação, saúde e educação são só alguns exemplos de situações traumáticas que afetam fortemente corpo, mente e cérebro.

Muitas pessoas foram expostas tão cedo a essas condições que nem sequer se dão conta de que funcionam em hipervigilância ou em dissociação traumática. Também são normalizadas cotidianamente as vivências de trauma crônico no trabalho. Mencionei em uma seção anterior que a síndrome de burnout é um tipo de trauma crônico. Mas ambientes de trabalho caracterizados por desrespeito, assédio e insegurança psicológica podem gerar não só burnout, mas uma série de outros adoecimentos físicos e mentais, como depressão, ansiedade, problemas cardíacos, gastrointestinais e assim por diante.

TRAUMA COMPLEXO: O APRISIONAMENTO EM UM RELACIONAMENTO

Quando o trauma crônico acontece dentro de um relacionamento interpessoal do qual não é simples sair, estamos diante de uma terceira classificação: o **trauma complexo**. Pode ser uma relação entre pais e filhos, amigos, companheiros afetivos ou a relação com um trabalho de que se acredita depender para sobreviver. O trauma complexo é caracterizado pela sensação de aprisionamento na relação.

Os limites entre um estresse temporário e aceitável, que faz parte dos ajustes de qualquer relacionamento, e uma relação tóxica podem ficar bastante confusos, sobretudo para os que muito cedo tiveram as vias de afeto e dor confundidas. Por isso, a pessoa nem sempre tem uma consciência clara de quanto a relação é nociva para ela, e, mesmo quando tem essa consciência, se sente impotente diante da decisão de ruptura.

Os traumas complexos têm repercussões em diferentes camadas da autopercepção e podem impactar também o significado e o sentido de vida.

Os traumas complexos têm repercussões em diferentes camadas da autopercepção e podem impactar também o significado e o sentido de vida.

Com frequência, esses traumas deixam marcas como desesperança, desespero, vergonha e culpa insuportáveis.

Eu me lembro em detalhes do momento em que ganhei consciência de que a minha história e a de meus irmãos nos colocava no terreno do trauma complexo. Foi quando entendi que a anestesia emocional, a insônia crônica, eventuais pesadelos, lapsos de memória, hipervigilância, episódios depressivos alternados com irritabilidade e a evitação de intimidade que eu vivia por mais de trinta anos eram sintomas do transtorno do estresse pós-traumático complexo (TEPT-C).

No meu caso, o trauma complexo resultou de uma combinação entre a infância em um ambiente familiar de imprevisibilidade e violência com as experiências de estresse racial que são vividas desde muito cedo por uma criança negra. O perfeccionismo exagerado, a rigidez, a reatividade e até certa agressividade que ocuparam o lugar da minha suposta timidez foram alguns dos mecanismos de enfrentamento que eu encontrei para lidar com a devastação do trauma crônico. Eram estratégias adaptativas e não traços da minha personalidade, como acreditei durante muitos anos.

Olhar para minha história pelas lentes da abordagem informada sobre trauma foi como me ver nua pela primeira vez. Fui invadida por um misto de emoções e sentimentos. Senti grande tristeza e muita raiva, mas essas emoções foram depois seguidas por compaixão por mim mesma. Compreender que eu não era minhas respostas traumáticas me devolveu dignidade. Me sentir digna de existir exatamente como sou foi o caminho para que meu corpo se reabrisse ao sentir e eu voltasse a acessar tudo que estava ocultado pelo trauma: minha afetividade, desejos, necessidades, criatividade e sentido de vida.

8

TRAUMA DE DESENVOLVIMENTO: A FERIDA OCULTA

> *Eu vi a mulher preparando*
> *outra pessoa*
> *O tempo parou pra eu olhar para aquela barriga.*
> CAETANO VELOSO, "Força estranha"

VÍNCULO: A GRANDE REDE DE PROTEÇÃO

Assim como o estudo do trauma na psicologia não é recente, também não é de hoje a associação entre as experiências vividas na infância e suas consequências nas emoções e comportamentos na vida adulta. Abordagens clássicas, como a psicanálise, já lançavam luz sobre isso. Mas uma das teorias mais sofisticadas sobre como nossos primeiros relacionamentos da vida moldam o nosso bom desenvolvimento emocional e comportamental é a Teoria do Apego, proposta pelo psicólogo, psiquiatra e psicanalista John Bowlby na década de 1940.

Bowlby, depois de ter trabalhado com adolescentes infratores em Londres e conduzido estudos observacionais com bebês órfãos de guerra, passou a defender uma tese que contrariou a comunidade psicanalítica da época: afirmava que os transtornos visíveis no comportamento de algumas crianças não resultariam de fantasias sexuais infantis, mas reações a experiências reais de negligência, violência, abuso ou separação.

A Teoria do Apego coloca o vínculo entre a criança e seus cuidadores principais como protagonista do bom desenvolvimento cognitivo, social e emocional. O cuidado consistente e sintonizado às necessidades da criança, principalmente nos primeiros meses de vida, seria a base segura a partir da qual esse bebê vai explorar seu mundo interno e o mundo externo, possibilitando o desenvolvimento de recursos importantes para lidar com a vida posteriormente, como autoconfiança, regulação emocional e sentido de solidariedade.

No Capítulo 5, mencionei quanto o sistema nervoso de um recém-nascido é ainda muito imaturo e, por isso, nascemos completamente dependentes. Atender as necessidades mínimas de sobrevivência de uma criança – alimentação, cuidado, proteção, higiene, atenção e afeto – fica a cargo de outra pessoa, uma pessoa que entre em sintonia o suficiente para identificar e satisfazer tais carências.

À medida que essas necessidades vão sendo atendidas dentro de uma relação de vínculo seguro, aprendemos regulação emocional, que é a habilidade de identificar, sentir e buscar caminhos saudáveis para a expressão de nossas emoções ou para a redução da experiência de estresse.

O estresse vivido pelo bebê é regulado pelo cuidado e pelo vínculo. É inicialmente um processo de corregulação emocional, o adulto fornece para a criança o que ela precisa para sair da experiência de desconforto. Com o desenvolvimento, essa sintonia fornece à criança condições de identificar seus próprios caminhos de redução do estresse e de direcionamento de suas emoções, sem precisar negá-las ou reprimi-las. Ela começa a desenvolver autorregulação emocional.

O trauma de desenvolvimento se dá quando a sintonia entre cuidador e criança não se estabelece como uma vinculação segura. É, portanto, um trauma ligado a vínculo e apego, e não necessariamente a um episódio específico. Como propõe Liana Netto, trauma de desenvolvimento é um trauma de relacionamento.

Segundo o neuropsicólogo e pesquisador Allan Schore, os seres humanos alinham seus estados cerebrais a outros humanos. Essa sintonia de estados cerebrais acontece tanto para a redução de experiências de estresse e desconforto quanto para o compartilhamento de momentos agradáveis e de prazer. Isso significa que o vínculo seguro depende tanto da oferta de uma corregulação adequada à experiência de estresse da criança quanto do compartilhamento de experiências de conforto, segurança, afeto e prazer entre cuidador e criança.

Quando estou diante de uma plateia falando sobre esse tema, costumo perguntar qual a primeira coisa que as pessoas ali presentes fazem quando são o único adulto diante de um bebê que chora intensamente no berço. Pegar no colo aparece entre as principais respostas, seguida de pegar no colo e balançar. Essa ação quase instintiva é uma tentativa de regulação emocional da experiência de estresse da criança, e basta ser um adulto minimamente sintonizado com os próprios instintos para que nos afetemos pelo choro de um bebê e o peguemos no colo.

O contato e o balanço ajudam a acalmar o sistema nervoso simpático do bebê, ativado pela experiência estressora, que pode ser fome, sede, frio, sono, dor ou qualquer outra necessidade que um cuidador sintonizado atenderia na sequência. Importante ressaltar que o balanço de que falamos aqui é um movimento suave, cadenciado e com a cabeça do bebê amparada para que não cause lesões nesse sistema nervoso ainda tão frágil.

Mas a corregulação não se dá somente pelo movimento e pelo atendimento objetivo da demanda da criança. Ela depende também do estado emocional em que o próprio adulto se encontra. Um adulto emocionalmente desorganizado, por mais que acolha a criança em seu colo e a balance com cuidado, dificilmente conseguirá produzir calmaria nela. O próprio choro incessante de um bebê ou criança pequena pode ser resultado da sintonia do bebê com o estresse vivido por seus cuidadores. Na sintonia entre estados cerebrais, da mesma forma que a criança pode ser corregulada e acalmada por seus cuidadores, também pode absorver e manifestar a desregulação emocional vivida por eles.

Logo no início da terapia de Lucas, o trauma oculto na história dele dava pistas de vir da negligência emocional sofrida em uma casa que não tinha conflitos, violências ou abusos explícitos, mas também não tinha suporte emocional, atenção e afeto. Com o tempo, mais detalhes dessa dinâmica foram se apresentando para nós dois. A mãe de Lucas pedia sempre que ele não incomodasse o pai quando ele estivesse no escritório trabalhando, e em todas as memórias de Lucas, o pai estava no escritório ou pelos corredores da casa preocupado com o trabalho. A mãe se fazia um pouco mais presente na relação com o filho, mas a memória de Lucas era de vê-la com frequência acamada e doente. Os pais de Lucas estavam tão enredados nos próprios traumas que não havia espaço para uma relação de conexão com a criança, que crescia à margem do casal e, possivelmente, absorvendo a carga de estresse de ambos.

A corregulação emocional entre cuidador e criança é muito importante não só na formação de circuitos reguladores de estresse, que depois serão usados ao longo da vida, mas também na formação das bases sobre as quais as relações da criança serão construídas no futuro. O psiquiatra Daniel Siegel, um dos pioneiros no campo da neurobiologia interpessoal, afirma: "A segurança advinda do apego não é uma característica da criança, mas sim descreve a natureza de uma conexão interpessoal – um padrão repetido de compartilhamento de energia e informação".

O aprendizado da autorregulação emocional depende, portanto, do vínculo. E um bebê só tem uma forma de se vincular: fisicamente. A pele, esse grande órgão de fronteira que delimita o que está dentro e o que está fora de nós, é também um grande coletor de informações sensoriais que possibilita o processo de vinculação no início da vida. É pela qualidade do acolhimento afetuoso e respeitoso que se inicia a organização de funções psicológicas importantes, como nosso sistema de limites pessoais e a construção do ego corporal e da imagem corporal. É pelo contato físico advindo de um cuidado afetuoso e respeitoso, proporcionado por nossas primeiras referências de relação, que começamos a aprender que é seguro habitarmos nosso próprio corpo.

A PERDA DE SINTONIA E A SOBRECARGA TRAUMÁTICA

A sobrecarga de estresse físico e emocional vivido nas experiências precoces não será lembrada pela pessoa na vida adulta, já que a memória declarativa, aquele tipo de memória que nos permite recuperar fatos ocorridos no passado de forma organizada e colocá-los em uma narrativa coerente, só começa a se desenvolver por volta dos 3 anos de idade. Mas essas memórias de quando somos ainda muito bebês, que parecem desaparecer de nossa história pessoal quando adultos, não somem por completo. Elas ficam registradas em outro tipo de memória. Uma memória que não retorna de forma clara e organizada pela mente, mas através de padrões específicos de emoções, comportamentos, movimentos e relacionamentos. A esse tipo de memória a neurociência chama memória implícita. O corpo, desde o início de sua formação dentro do útero, é um grande banco de memórias. Por isso, mesmo que a mente não se lembre do trauma, o corpo lembrará. Como afirma Bessel van der Kolk: "O trauma não volta como uma memória, volta como uma reação".

Quando o senso de segurança é fragilizado muito cedo, principalmente em decorrência de um relacionamento tão importante quanto com a mãe, o pai ou quem fez o papel do cuidar, a tendência é que aprendamos a nos relacionar a partir da tentativa de evitar a dor, e não exatamente a partir da busca por conexões autênticas e profundas. O trauma precoce, além de prejudicar a capacidade de reconhecer as próprias necessidades e de se mover em direção à proteção delas, causa danos à capacidade de estabelecer relações saudáveis na vida adulta.

Àqueles que possam ter sido tomados pela autocobrança da sintonia perfeita no cuidado de uma criança ou por algum sentimento de culpa sobre como conduzem sua atenção aos seus bebês, trago uma importante constatação: a sintonia perfeita não existe. Haverá desregulação, ruptura, experiência de estresse – e, em certa medida, elas são até desejáveis. As chaves para o apego seguro não estão na tentativa de proteção excessiva do trauma ou de uma relação perfeita em que

É pelo contato físico advindo de
um cuidado afetuoso e respeitoso,
proporcionado por nossas primeiras
referências de relação, que começamos
a aprender que é seguro habitarmos
nosso próprio corpo.

nenhuma necessidade da criança passe despercebida. As chaves são a regulação e o reparo.

Se o trauma faz parte da vida, o reparo também faz. E o reparo, vindo do amparo com sintonia depois de rupturas, ensina à criança suas fronteiras para lidar com o afeto desconfortável. Expor a criança a desafios também faz parte de uma educação amorosa e informada sobre trauma, mas é importante lembrar que desafio não é desamparo. Lidar sozinha com suas dores, medos e inseguranças a ensinará a fazer de tudo para evitá-los ou anestesiá-los, condicionando muito cedo suas defesas de sobrevivência a trabalharem pelas lentes do perigo constante e reduzindo sua janela de tolerância para lidar com as próprias emoções.

Padrões de relacionamento e de comunicação consistentes, previsíveis e preenchidos por conexão e sintonia constroem a matéria-prima para a internalização de um modelo de segurança que nos permite habitar o próprio corpo e explorar o mundo com curiosidade.

Se você é a principal pessoa responsável pelo cuidado de uma criança e está comprometida com isso, seja compassiva consigo mesma. Não se cobre perfeição, em vez disso, se atente à sua conexão com as próprias necessidades, sensações e emoções. Ao se conectar consigo mesma, ao trabalhar em suas próprias respostas traumáticas, você acessa ferramentas valiosas para se conectar com quem está sob seus cuidados. Como afirma Gabor Maté: "O maior presente que pais e cuidadores podem oferecer a uma criança é a própria felicidade". Uma felicidade ancorada em necessidades autênticas e não no roteiro confuso do que a sociedade nos ensina como felicidade.

Quando Lucas começou a reconhecer seu funcionamento nas relações e a perceber que desde muito cedo foi levado a associar relacionamento a se sentir invisível, adentramos juntos na renegociação do trauma de desenvolvimento. Era preciso aprender a identificar e sentir segurança nos relacionamentos. Era necessário desligar o sistema de alerta que o desamparo deixou ligado e que tomou conta da cena interior de Lucas, fazendo-o fugir de qualquer possibilidade de rejeição, abandono ou invisibilidade pela busca de prestígio e evitação da intimidade.

Para os padrões distorcidos de nossa cultura, Lucas se tornou um homem bem-sucedido. Estava sempre cercado por pessoas que realizavam suas vontades e eram incapazes de contrariá-lo. Mandava e desmandava o dia inteiro, o que lhe trazia a ilusão de estar sendo visto e considerado, mas, no fim do dia, ele se encontrava com seu maior pesadelo: a ausência de intimidade e de conexão verdadeira. O trauma de Lucas saiu das sombras e veio se sentar à mesa conosco em um lindo processo de reencontro, ou talvez de encontro, com a sua habilidade de se vincular de forma rítmica, empática e sintônica.

Experiências adversas na infância – estudo ACE

Uma das maiores e mais famosas pesquisas sobre como as experiências adversas na infância podem ter repercussões na vida adulta é o estudo ACE, sigla que vem do inglês *Adverse Childhood Experiences* [Experiências Adversas na Infância]. Realizado por duas instituições americanas – o Centro de Controle e Prevenção de Doenças (CDC) e a Kaiser Permanente –, o estudo ACE original foi conduzido entre 1995 e 1997 e resultou no mapeamento da correlação entre dez tipos de traumas na infância e o desenvolvimento de doenças crônicas, problemas de saúde mental e comportamento violento na vida adulta.

Essas dez experiências adversas são:

- abuso físico;
- abuso sexual;
- abuso emocional;
- negligência física;
- negligência emocional;
- viver com um familiar com alcoolismo ou vício em outras drogas;

- viver com um familiar que apresenta depressão ou outros transtornos mentais;
- ter um membro da família preso;
- testemunhar abuso da mãe;
- divórcio ou separação dos pais.

O estudo ACE original se configurou em um estudo de grande relevância no universo do trauma infantil, mas os indicadores iniciais se mostraram reduzidos, e outras experiências adversas são citadas em revisões posteriores do estudo, entre elas:

- racismo;
- bullying;
- assistir a um irmão sendo abusado;
- perder um cuidador (pai, mãe, avós etc.);
- morar na rua;
- sobreviver a um acidente grave;
- testemunhar qualquer cuidador sofrer abuso (não apenas a mãe);
- testemunhar avós abusando de seus pais;
- envolvimento com o sistema de assistência social;
- envolvimento com o sistema de justiça juvenil.

Possivelmente, se o estudo ACE tivesse sido realizado no Brasil, outras experiências adversas apareceriam, como ter crescido em condições de vulnerabilidade social, por exemplo. E talvez o envolvimento com o sistema de assistência social não fosse um indicador estatisticamente significativo, já que a atuação forte desse sistema diz muito da realidade americana. Ao lermos dados coletados em outros países, é importante nos atentarmos às diferenças socioculturais, mas, conscientes dessas diferenças, observa-se que a maior parte dos indicadores do estudo ACE se mostra aplicável a diferentes culturas, incluindo a brasileira, por isso ele é tão citado entre estudiosos de trauma no mundo todo.

A correlação dos indicadores ACE com adoecimentos e disfunções de comportamento é desconcertante e angustiante. O estudo aponta, por exemplo, que para pessoas com uma pontuação ACE acima de quatro, o risco de alcoolismo aumenta em 700% e as tentativas de suicídio aumentam em 1.200%. O risco de doenças cardíacas e câncer quase dobra. Também se identificou que pessoas com pontuação ACE elevada têm mais fraturas ósseas, mais casos de depressão, maior probabilidade de obesidade e fazem maior uso de medicamentos prescritos.

TRAUMA DE DESENVOLVIMENTO E ESTRESSE TÓXICO INFANTIL

Talvez, diante do que já foi exposto, nem fosse necessária a ponderação que apresento a seguir, mas, mesmo com o avanço do conhecimento sobre como o cérebro é impactado pelas primeiras experiências de vida e como elas podem ter efeitos duradouros na saúde e na vida de uma pessoa, ainda há uma corrente de profissionais que atuam na atenção à criança e que parecem não querer olhar para isso.

Há pouco mais de dois anos, me vi descrente quando soube de um pediatra que defendeu, em uma mesa do Congresso Brasileiro de Pediatria, que o estresse tóxico na infância não existe. Para ele, trata-se de uma invenção das mídias sociais. Essa é a corrente de pensamento que sustenta orientações como calendário de amamentação para os bebês "aprenderem" o horário certo de mamar e deixar a criança no berço, chorando, sem pegá-la no colo para ela não se acostumar mal. A sensação que tenho quando cito esses exemplos é de que falo de práticas completamente ultrapassadas, que já caíram em desuso e cujos danos e prejuízos são informações claras e não controversas. No entanto, basta um passeio rápido pelas redes sociais para perceber que não é bem assim.

O estresse tóxico infantil e o trauma de desenvolvimento parecem ser vistos por algumas áreas ligadas à atenção à criança como uma bobagem moderna. A partir da participação em eventos científicos, do contato com colegas de profissão e com pessoas de áreas que fazem fronteira com a psicologia, compreendi que para alguns profissionais da saúde os fenômenos humanos só passam a existir ao se tornarem uma categoria diagnóstica dentro de um manual de classificação, mesmo que a questão esteja sendo sinalizada por setas vermelhas na literatura mais atual e em sua própria experiência profissional.

Por um lado, eu até consigo compreender o receio desses profissionais, já que muitas condutas irresponsáveis que negam a ciência ganham adesão hoje em dia. Mas, como uma profissional da prática clínica, meu exercício diário é construir pontes entre o conhecimento científico e sua aplicabilidade, sem me desconectar do mais importante: o humano em minha frente. A pessoa com quem aprendo diariamente se determinada teoria ou técnica é aplicável ou não a ela em particular, que me mostra as nuances que os laboratórios e os métodos científicos não podem alcançar, que me ensina tanto sobre psicologia, emoções, comportamento e trauma quanto os próprios manuais e consensos.

Na minha caminhada, aprendi a não reduzir o mundo à minha abordagem de escolha profissional e a valorizar o conhecimento ancestral. Aprendi a reconhecer verdadeiros compêndios de psicologia na sabedoria guardada pelos povos originários, pelas tradições de matriz africana e pelas filosofias orientais. Alguns desses conhecimentos já começaram a chamar a atenção da ciência moderna e já podem ser explicados por ela, mas existem muitos capítulos do vasto conhecimento ancestral, cuja sabedoria é tamanha, que ainda estamos longe de tocar. Aprendi que o saber científico é muito importante para quem trabalha com as dores humanas, mas não é suficiente! Precisamos da arte, da cultura, da ancestralidade, do mistério e de tudo que possa nos atravessar humanamente.

Por isso, enquanto alguns aguardam a entrada do trauma de desenvolvimento como categoria diagnóstica em um manual de classificação para atestar que ele existe, eu optei por observar o fenômeno e aprender sobre ele com todas as pessoas com as quais convivo, de familiares a clientes de terapia, e a seguir a trilha dos estudiosos e profissionais inquietos que vão em busca de respostas para os fenômenos que não cabem nos consensos preexistentes.

A boa notícia aos que aguardam é que talvez a espera seja breve, já que há vários profissionais e pesquisadores atualmente dedicados ao estudo do trauma de desenvolvimento e à proposição do transtorno do trauma de desenvolvimento como categoria separada do TEPT nos manuais diagnósticos. Na liderança desses esforços destaca-se o grupo de especialistas coordenado por Bessel van der Kolk.

9

TRAUMA RACIAL: AS CHAGAS DA HISTÓRIA QUE SOBREVIVEM AO TEMPO

> *Sou livre para andar por essas ruas, já não me chibatam, já não me cortam o corpo, já não me rasgam a pele. Sou livre para dançar, para amar, para criar meus filhos. Sou livre, mas não me deram esse direito, eu é que conquistei. Meu povo é que conquistou.*
> MILTON NASCIMENTO E FERNANDO BRANT, "Sedução"

UMA RELAÇÃO INTERRACIAL E SUA FALSA PASSABILIDADE

Era um início de namoro. Nós nos conhecíamos havia pouco mais de dois meses, mas não nos desgrudávamos desde o primeiro beijo em uma sala de cinema. O filme? Não me pergunte qual era, pois não o assistimos. Eu tinha 23 anos e morava em São Luís, no Maranhão, fazia cerca de seis meses. Me mudei para lá depois de ter sido aprovada no processo de seleção para uma rede de hospitais com unidades em vários estados. Durante a seleção, fiz questão de deixar claro que eu me mudaria facilmente de Brasília para qualquer outra cidade. Aquele trabalho me parecia a chance perfeita de sair de casa, ou melhor, de fugir de casa sem que isso fosse contestado.

Meu pai já não estava mais vivo, porém os conflitos que eu acreditava que terminariam com a ausência dele ganharam outros personagens e pareciam intermináveis. A maioria deles acontecia entre minha mãe e minha irmã, vez por outra entre minha irmã e meu irmão. Algumas vezes, eu participava deles, mas a maior parte do tempo me via ausente, apática e desconectada daquela família. A dificuldade financeira também se tornou um tema mais frequente depois da morte do meu pai.

 Minha mãe vivia afogada em dívidas, tentando a todo custo nos manter nas mesmas escolas e com as mesmas condições que tínhamos antes. Devo dizer que nunca faltou nada de essencial para nós. Essa não é uma história de extrema pobreza, e nem chega perto da vulnerabilidade social que hoje testemunho nos trabalhos voluntários que faço em comunidades do Rio de Janeiro. Não. Continuamos morando no mesmo apartamento que havia sido financiado em prestações para uma vida inteira e que fora quitado com o falecimento do meu pai. Minha mãe atrasava mensalidades da escola, mas nos manteve nelas, quitando um empréstimo com outro. Assim íamos vivendo, com o fantasma das dívidas nos assombrando dia e noite, mas seguíamos.

 Quando cheguei perto de terminar o ensino médio, entrar em uma universidade pública se tornou uma obsessão para mim, pois eu sabia que era minha chance de conseguir concluir um curso sem precisar largá-lo no meio do caminho por atraso das mensalidades, ou quiçá nem começar. Fiz um único vestibular, para uma única universidade, e, aos 17 anos, comecei a cursar Psicologia na Universidade de Brasília (UnB). Cinco anos depois, eu concluí a graduação, e com menos de um ano depois de formada, deixei Brasília rumo a São Luís, como psicóloga da área de recursos humanos de uma grande rede de hospitais, ganhando um salário que para a minha realidade da época era como ter sido sorteada na loteria. Eu conseguiria me manter com dignidade e ainda daria para enviar algum dinheiro para ajudar na casa da minha mãe. Foram alguns bons anos enviando um valor mensal, até entender que não era por vontade autêntica de auxiliar, mas a minha forma de reduzir a culpa por querer ficar longe de casa. O resgate da relação com minha mãe e com meus irmãos ainda demoraria mais de dez anos para acontecer.

Voltando ao início daquele namoro. Eu estava recém-chegada a São Luís. Ele também viera de outro estado, como a maioria das pessoas que trabalhava no hospital. Isso logo fez daquele grupo de pessoas, além de colegas de trabalho, amigos de balada e rede de apoio no dia a dia. Engatamos o namoro, e em cerca de dois meses me vi morando com aquele médico de sorriso largo, mineiro, muito conectado à família e branco.

A ideia de conhecer toda a família e os amigos dele no início do namoro, no casamento do irmão dele, me parecia algo não muito confortável, mas também não era desconfortável o suficiente para suscitar questionamentos, até porque nada me causava muito incômodo ou empolgação naquela época, como você já sabe. Partimos rumo à pequena cidade histórica do interior de Minas onde aconteceria o casamento.

Passei um dia inteiro sendo apresentada para tias, primos e amigos. Confesso que fui muito bem tratada por eles e apenas em uma ou duas pessoas percebi um olhar atravessado. A maioria foi bem gentil comigo. Subimos e descemos as ladeiras de Ouro Preto, entramos e saímos de igrejas, até que chegou a hora da cerimônia. Uma linda cerimônia, diga-se de passagem. Na festa, a sequência de apresentações continuou e tudo seguia bem até que uma das tias, uma senhorinha de cabelos brancos cuidadosamente arrumados em um penteado, trajando um vestido verde-claro de que nunca esqueci, não conseguiu se conter. "Tia, deixa eu te apresentar minha namorada", ela ouviu o sobrinho querido dizer. Quando se virou para me cumprimentar, me olhou de cima a baixo. A expressão dela era um misto de surpresa e decepção. Sem me fitar nos olhos, e depois de poucos segundos, a senhorinha só conseguiu balbuciar: "Ãaã, ela é moreninha...".

Naquela época, eu não tinha nenhum letramento racial, e nem condições de nomear o incômodo que tomou conta de mim naquela festa e em outras tantas situações vividas com as mais diferentes pessoas. De prestadores de serviços que contratávamos, como uma professora de inglês que sempre tinha um comentário "inofensivo" sobre o casal "diferente" que nós éramos, até comentários racistas de colegas de trabalho, disfarçados de ponto de vista ou "questão de gosto".

Os meus sentimentos com as microagressões raciais iam sendo empurrados para a caixinha da anestesia emocional, para fazer companhia aos outros que já moravam lá, e eu não me conscientizava daquelas experiências como racismo, tampouco como trauma.

Ter crescido em um mundo de brancos, em função da questão econômica, é como morar em um país estrangeiro por muitos anos. Você faz amigos, se diverte em muitos momentos, trabalha, conhece o lugar em detalhes, mas será sempre um estrangeiro ou, no máximo, um naturalizado, sempre suscetível ao preconceito por não ser visto como nativo. Vivi muito tempo como uma "naturalizada branca" e, mesmo naquela fase mais durona e reativa, eu jamais reagia ao racismo. Foi somente anos depois, quando tive contato com o importante – mas muito negligenciado pela academia – trabalho da psiquiatra Neusa Santos Souza que comecei a compreender o abismo identitário no qual eu tinha passado boa parte da vida. Em uma das passagens do seu livro *Tornar-se negro: ou as vicissitudes da identidade do negro brasileiro em ascensão social*, ela diz: "O negro que se empenha na conquista da ascensão social paga o preço do massacre mais ou menos dramático de sua identidade". Essa é uma descrição que se encaixa com precisão nas emoções difusas que me inundaram por anos. Quando li, eu sabia exatamente o que era esse massacre identitário na tentativa de pertencer a uma realidade que dizia muito pouco sobre mim. Vivia nele há anos.

Sinto um misto de tristeza e raiva quando penso no tanto de tempo que perdi desconectada da minha ancestralidade, da minha negritude, da minha beleza e da minha dignidade, por causa de uma sociedade que se valeu da origem de um povo para praticar exploração e violência. Atualmente, para mim não faria sentido existir senão na pele de uma mulher negra, mas chegar nesse conforto com quem sou foi um caminho longo, e mesmo hoje, com mais letramento racial, autoestima e condições mais favoráveis em vários sentidos, não estou protegida do estresse racial.

Antes de seguirmos, preciso fazer uma ressalva importante: meu ex-marido passava um pouco à margem disso. Fomos felizes juntos e guardo muitas memórias de amor e do quanto esse relacionamento foi importante para mim. Encerrar o casamento foi uma decisão difícil, dolorosa e cheia de detalhes que vou resguardar por respeito a ele. Nos mais de treze anos juntos, porém, nunca conseguimos conversar sobre as minhas dores com o racismo: eu, por evitação; ele, por ser algo invisível a um homem hétero branco de classe média. Ele não chegava a ser antirracista, mas talvez seja a pessoa mais desprovida de preconceitos que já conheci. Apesar disso, depois da escola, o casamento foi o segundo lugar em que entendi o que é ser uma mulher negra.

QUANDO VOCÊ SE DESCOBRE UMA PESSOA NEGRA

Essa é uma pergunta que talvez não faça sentido para quem não nasceu muito provido de melanina. "Ué, não foi desde sempre, não?" é uma frase que costumo escutar quando abro essa reflexão em aulas ou em rodas de amigos não negros. Mas se descobrir uma pessoa negra não significa olhar no espelho e constatar sua cor de pele. É descobrir que você terá que se preocupar com coisas a respeito das quais uma pessoa branca talvez nunca tenha que parar para pensar. E mais: terá que encontrar formas de se proteger. É quando você descobre que o racismo nos espreita dia e noite na violência racial nas escolas, nas abordagens policiais, no segurança que te segue no mercado, na vendedora da loja que não vem lhe atender, na entrevista de emprego, no menor acesso à saúde e tantas outras situações cotidianas na vida de uma pessoa negra.

Da mesma forma que racismo e estresse racial não foram assuntos no meu casamento, não eram na minha casa quando criança ou adolescente. Não sei se por falta de letramento racial dos meus pais ou se por uma ilusão deles de que poderíamos estar protegidos do preconceito se nos vestíssemos bem, tivéssemos estudo, comêssemos antes de sair de casa para não atacar os salgadinhos e doces das festinhas infantis, alisássemos o cabelo e não falássemos sobre racismo. No entanto, todo esse esforço não foi o suficiente para nos proteger da violência racial na infância.

Eu nunca me esqueci de uma cena em que meu irmão, nessa época por volta dos 12 anos, e eu dos 10 anos, foi levado pelo braço por um segurança de uma grande rede de supermercados enquanto minha mãe passava as compras no caixa. Na época, eu não entendi por que minha mãe saiu correndo atrás dele, desesperada. Eu, na minha ingenuidade infantil e querendo ir embora logo, pensava: "Vamos terminar de passar essa compra que daqui a pouco ele volta. Deve ter ido mostrar alguma coisa para o meu irmão".

Uma criança levada pelo braço, tendo sua mãe ali a poucos metros de distância. Quando chegamos em casa, ouvi minha mãe contar a história para Lourdes, que morava conosco e a quem tenho como uma segunda mãe. Ela disse que o segurança entrou numa sala e que ela correu para entrar também. Quando abriu a porta, meu irmão estava sem camisa, tremendo e chorando, acusado de furto e jurando que não tinha pegado nada.

Essa é uma cena que, hoje em dia, quando me lembro dela, me causa uma revolta que a falta de entendimento na época me protegeu de sentir, mas o pior é saber que, mesmo passados mais de trinta anos, essa cena continua a se repetir nos dias atuais. Eu me deparo com as variações desse episódio todos os dias nos noticiários e no setting terapêutico, contadas por meus clientes de terapia, mas apenas os clientes negros trazem relatos como esse.

Mesmo com tantas memórias ausentes da minha infância, as do bullying de outras crianças sobre o meu cabelo e sobre minha aparência são imagens bem nítidas. Também recordo da sensação de nunca ser vista como uma opção para os meninos da escola, em sua maioria brancos, na fase em que minhas amigas começaram as paqueras e os namoros de adolescente. Eu me sentia humilhada e rejeitada, mas não sabia nomear nem lidar com isso, então mais sentimentos eram jogados no baú da anestesia.

O meu letramento racial foi se fazendo ao mesmo tempo em que eu começava a compreender as feridas que o racismo tinha aberto em

---

O estresse racial é uma experiência cotidiana na vida de uma pessoa negra.

---

mim, e também à medida que eu começava a cuidar delas. Precisei encontrar novas estratégias para lidar com um trauma crônico e que tem uma característica muito particular em relação a outros traumas crônicos: não há perspectiva de findar. Eu não só não verei uma sociedade não racista, como a exposição a novas experiências de estresse racial não se constitui apenas em uma possibilidade hipotética sobre o futuro: é uma sentença provável. O estresse racial é uma experiência cotidiana na vida de uma pessoa negra, seja vivida em primeira pessoa ou por estarmos frequentemente expostos às histórias de violência racial vividas por outros.

Durante algum tempo, eu acreditei que o estudo e a melhor condição social me protegiam de viver o estresse racial, mas, na verdade, eu só não tinha consciência das várias vezes que ele me tocava. Do preterimento afetivo às microagressões, passando pelas discriminações disfarçadas ou explícitas, o racismo e seus efeitos deletérios se tornaram cada vez mais nítidos para mim. É o ganho de consciência sobre as estruturas opressivas que moldaram essa sociedade, a forma como nos vemos, somos vistos, nos relacionamos e amamos que nos torna negros.

CARACTERÍSTICAS DEFINIDORAS DO TRAUMA RACIAL

A questão racial, especialmente no Brasil, que foi um dos últimos países a abolir a escravidão, tem muitas dimensões – sociais, políticas, econômicas, individuais –, e não tenho nenhuma pretensão de cobrir todas elas. Aqui trago um recorte e convido você a olharmos para essa condição pelas lentes da saúde e da abordagem informada sobre trauma.

Raymond Rodriguez, professor da Universidade de Columbia e especialista em terapia de trauma para membros de comunidades marginalizadas, destaca duas características definidoras do trauma racial, que são conhecidas nossas de outros tipos de trauma, mas ganham contornos específicos quando entra o recorte de raça. São elas:

1. O trauma racial não decorre apenas de vivências diretas com o racismo. A sobrecarga de estresse característica do trauma pode ser consequência de se testemunhar ou ouvir relatos de violência racial acontecendo com outras pessoas. Raymond indica que a identificação imediata produz a introjeção do medo, já que "poderia ser comigo ou com um familiar meu". Mas, à diferença de um TEPT indireto de outra natureza, como cotidianamente somos atravessados nos noticiários e nas redes sociais por casos e mais casos de racismo, o estresse racial se torna quase uma constante na vida de pessoas negras, levando à segunda característica.
2. Hipervigilância. Como as pistas de ambientes em que o estresse racial pode ocorrer não são claras, funcionar em alerta máximo passa a fazer parte da vida cotidiana de uma pessoa negra, ainda que ela não se dê conta disso. É como se o cérebro tivesse aprendido que a ameaça pode vir de qualquer lugar e a qualquer momento. O sistema nervoso passa a funcionar com cargas tão altas de estresse que a dissociação se torna o caminho para sobreviver. A pessoa pode ficar tão anestesiada ao sentimento que nem mesmo toma consciência de quanto está vivendo em alerta máximo. Essa sustentação da resposta ao estresse abre janelas para padrões de reatividade, irritabilidade e também para muitos tipos de adoecimento não só mentais como também físicos. Muitas doenças que até pouco tempo eram tidas como mais prevalentes na população negra por uma questão genética são, atualmente, questionadas por estudiosos da medicina e do trauma racial, que apontam para como o processo inflamatório decorrente da sustentação crônica do estresse no organismo impacta essa estatística. É o racismo promovendo não só o adoecimento mental da população negra, mas também o físico.

Certa vez, fui a um restaurante sofisticado com uma amiga, e ela ficou impressionada quando comentei que sempre que entrava em um espaço como aquele era quase instintivo meus olhos percorrerem o local para constatar quantos negros estavam na condição de clientes, e não servindo as mesas. O mesmo acontece nos cursos, viagens, reuniões de trabalho e muitas outras experiências que fazem parte da minha vida. Essa amiga rapidamente se deu conta de que a ausência de pessoas negras nos espaços que ela frequentava não causava nela nenhum estranhamento. A ausência de pessoas negras em espaços de privilégio social ou em posições de poder é uma consequência do processo de colonização violento que sofremos e de um projeto intencional de manutenção de controle e exploração; já a naturalização dessa ausência, que faz com que mesmo pessoas sensíveis e bem-intencionadas não se incomodem com esses cenários, é uma das faces do racismo estrutural.

Para mim, aquela "varredura" quase automática da quantidade de negros no ambiente era uma constatação cotidiana que por muito tempo acreditei ser um comportamento particular meu. Foi só quando escutei o professor Raymond Rodriguez falar sobre isso em uma das aulas do curso de trauma racial do National Institute for the Clinical Application of Behavioral Medicine (NICABM), que me dei conta de que não só aquele comportamento não era um hábito particular que eu tinha desenvolvido, mas que existia até uma expressão para ele nos estudos de trauma racial: ginástica mental.

Rodriguez afirma que há uma varredura imediata e quase inconsciente quando uma pessoa negra ou indígena entra em um espaço novo, e que a cor predominante dos presentes informa ao senso de segurança da pessoa o quanto ela pertence ou não, fazendo-a logo selecionar o nível de autenticidade que pode expressar ali, quanto dela pode revelar ou o que tem de manter editado ou guardado. Ouvir sobre essa ginástica mental de ajuste constante me fez entender algo que eu fiz a vida inteira e colocou em palavras um desconforto e um cansaço que eu não sabia nomear.

Nomear o que sentimos é o começo da capacidade de processar uma experiência, pois, quando conseguimos colocar palavras em nossos movimentos internos, damos contornos para as sensações e sentimentos. É como se elas ganhassem um continente para existir, em vez de ficarem boiando perdidas em um mar agitado dentro de nós. Isso delimita a experiência emocional, tornando mais possível lidar com ela. Quando essa experiência é difusa e sem contornos, somos mais facilmente possuídos por ela.

No trauma racial, o corpo revive sensações de medo, raiva, terror e impotência, acessa o impulso de lutar ou fugir, mas é difícil articular essas sensações em um raciocínio ou em uma ação organizada, pois essa resposta traumática é uma herança que está ali há mais de uma geração e que não se apresenta de forma necessariamente clara. Os recursos que nossos antepassados precisaram desenvolver para lidar com o racismo chegam a nós de várias formas. Chegam pelo aprendizado da hipervigilância, chegam na distorção da autopercepção e da autoestima, chegam nas questões sociais, chegam pela alteração de nossas biologias e através da epigenética – como tratarei mais à frente, ao falar sobre trauma transgeracional. Chegam pelo aprendizado de ser visto como ameaça e de, ao mesmo tempo, se sentir em risco, e tudo desde muito cedo.

ANCESTRALIDADE COMO ANTÍDOTO PARA A DESUMANIZAÇÃO

Em um dos seus estudos na Universidade da Califórnia, o PhD em psicologia Phillip Goff pediu a policiais e também a mulheres brancas universitárias que julgassem fotos de crianças brancas e negras quanto à idade. As crianças tinham, em média, 10 anos. Um dos resultados do estudo aponta que os respondentes projetaram em média quatro anos e meio a mais para as crianças negras em relação aos seus palpites para as crianças brancas. Goff também aborda nesse estudo outras projeções que interpretam meninos negros como sendo menos inocentes e mais problemáticos. A essa tendência dos respondentes do estudo, Goff chama não de racismo ou preconceito, mas de desumanização.

A desumanização é mais uma das faces perversas do racismo e ocorre de diferentes formas. No estudo de Goff, ele sinaliza para a distorção da percepção de alguém em função da aparência. Se eu vejo um menino de 10 anos não como uma criança, mas como um adolescente de 14, 15 anos, isso o coloca em outra fase do desenvolvimento, e ele será tratado de um jeito muito diferente, principalmente se essa distorção estiver associada à criminalização dos corpos do grupo ao qual ele faz parte. É uma discriminação que leva a preocupações reais com segurança. Os casos de pessoas pretas presas injustamente por falsos reconhecimentos, ou por suspeitas infundadas, ou assassinadas gratuitamente pela polícia, são tão frequentes que os americanos criaram a expressão "The Talk" (ou "A Conversa") para descrever a conversa que pais de filhos negros precisam ter com seus filhos sobre abordagem policial e sobre como se comportar para não ser considerado suspeito nos ambientes e ter mais chances de voltar para casa em segurança.

Mesmo sendo uma expressão americana, eu arrisco dizer que qualquer mãe ou pai de uma criança negra no Brasil sabe qual o conteúdo dessa orientação. Inclui coisas como: não correr na rua, não andar sem camisa e sem documento, evitar entrar em lojas com mochilas, não reagir se for abordado pela polícia e por aí vai. "The Talk" é apenas um dos muitos exemplos que eu poderia citar para ilustrar como um trauma histórico não integrado à consciência coletiva projeta novos traumas e aniquila potencialidades.

Imagine o que é para uma criança desde muito cedo aprender que é vista como uma ameaça e que precisa restringir seus comportamentos e sua curiosidade para não terminar em circunstâncias erradas. O acúmulo das discriminações, violências e microagressões sofridas cotidianamente causa um impacto importante no desenvolvimento cerebral dessa criança, em uma fase do desenvolvimento em que a segurança seria fundamental para direcioná-la para o entendimento de suas emoções, para a curiosidade com as descobertas e os aprendizados do cotidiano, para o despertar da criatividade, a construção de autoestima, aspirações de crescimento, regulação emocional, bom desenvolvimento de relações de conexão e de funções cognitivas como raciocínio lógico, atenção, controle de impulsos, planejamento e memória. Tudo isso pode se desorganizar a partir de experiências de estresse racial precoces.

Depois de tomar consciência de tudo isso e adentrar o universo do trauma, não havia outro caminho para mim senão mergulhar nas águas do trauma racial. Foi preciso me debruçar sobre autores contemporâneos do tema, como o psicoterapeuta Resmaa Menakem e a doutora Thema Bryant-Davis, e fazê-los conversar em minha mente com quem veio antes, como o psiquiatra e filósofo martinicano Frantz Fanon, autor de *Peles negras, máscaras brancas*, e a psicanalista e psiquiatra brasileira Neusa Santos Souza. Foi também na literatura sobre amor de bell hooks, na elegância dos textos de Djamila Ribeiro, na inteligência gentil dos estudos sobre afeto e amor do filósofo e professor Renato Noguera, na música, na poesia, na dança, nas religiões de matriz africana e na ciência produzida por meu povo que encontrei caminhos para me conectar com minha ancestralidade.

Uma ancestralidade diferente da distorção que aprendi na escola, quando tudo que diziam sobre nós é que éramos descendentes de pessoas escravizadas, apagando toda uma história que inclui cultura, saberes, riquezas, produção de conhecimento e criação de tecnologia dos povos africanos. Eu descobri e me reconectei à ancestralidade negra enquanto potência criativa, realizadora e digna. Com ela vieram também duas coisas que o racismo tantas vezes rouba de nós: a sensibilidade e a doçura que passaram anos bloqueadas em mim.

Por incrível que possa parecer, essa estrada do letramento racial está só no começo para mim, e todos os dias preciso dar passos em direção ao processo de cuidado das minhas dores e de aproximação intencional com outras pessoas que viviam o mesmo que eu e não estavam no meu campo de visão antes. É a busca intencional por aquilombamento enquanto lugar de estratégia, conexão e reparo, e não enquanto lugar de fuga. Dessa forma, aprendo a cada dia sobre caminhos para viver em um sistema opressivo de modo consciente, mas sem permitir que ele continue a usurpar minha capacidade de amar e de sonhar.

Não verei uma sociedade não racista, mas sigo caminhando diariamente nas trilhas de quem veio antes e na intenção de deixar minha semente para quem vier depois. Busco nas relações, no estudo, no legado de meus ancestrais e nos afetos os recursos para seguir minha travessia e para trabalhar junto aos meus clientes de terapia com o trauma que mais me desafia e que me confronta diariamente com minhas limitações como terapeuta: o trauma racial.

10

TRAUMA VICÁRIO: O CUSTO DO CUIDAR

> *Que prazer mais egoísta*
> *O de cuidar de um outro ser*
> *Mesmo se dando mais*
> *Do que se tem pra receber.*
> CAZUZA, "Minha flor, meu bebê"

A RELAÇÃO TERAPÊUTICA É ASSIMÉTRICA, MAS NÃO HIERÁRQUICA

O ano era 2018, e eu estava no final de uma sessão com minha psicoterapeuta da época. Essa sessão tinha sido especialmente difícil para mim. Abordamos alguns dos conteúdos mais doloridos da minha história de vida, e em vários momentos eu percebi minha terapeuta se emocionar comigo. O psicoterapeuta se permitir se emocionar no atendimento ainda causa polêmica dentro de algumas abordagens, mas não é exatamente uma grande questão para quem, como eu, vem de um entendimento de que o espaço terapêutico é um campo de afetação mútua. Reconhecer essas afetações nos permite, como profissionais, navegar melhor por elas, sem nos perder entre o que é nosso e o que é da pessoa atendida por nós, mas também sem negarmos o que estamos sentindo e, assim, acabar por promover uma forma quase induzida de dissociação em nós. O distanciamento irrestrito coloca o terapeuta em uma posição que frequentemente deixa o cliente a sós com a dor dele ou deixa o próprio terapeuta apartado de seu sentir. Se há desamparo, não há reparação traumática.

Ao final daquela sessão, me dei conta de que jamais conseguiria visitar feridas como aquelas, que ainda sangravam tanto, sem uma companhia que fosse capaz de se afetar e, ainda assim, ou talvez exatamente por isso, promover o ambiente seguro de que eu precisava para mergulhar em conteúdos tão sensíveis. A sessão foi intensa, densa e ao mesmo tempo libertadora. Ao final, olhei nos olhos da minha terapeuta e nada mais precisava ser dito sobre o que nós duas tínhamos vivido durante aqueles cinquenta minutos. Não tive coragem ou, talvez, energia para perguntar, mas, com a sensação de quem atravessou um deserto, apenas pensei: "Quem será que cuida de você enquanto você cuida de mim?". Nenhuma palavra foi dita naqueles segundos em que nos olhamos, mas a impressão que tenho é que uma imensa comunicação foi feita. Depois de alguns segundos dessa troca de olhares, ela segurou minhas mãos e me disse: "Obrigada!".

Corta para 2021, auge da pandemia de covid-19, e eu havia me tornado uma terapeuta que atendia com frequência outros terapeutas. Os sentimentos em relação às perdas e lutos que se intensificaram naquele período eram temas recorrentes nos atendimentos, e os sintomas relatados pelos terapeutas que eu atendia eram muito similares: sentiam-se impotentes e constantemente preocupados em não estarem fazendo o suficiente para seus pacientes e clientes, questionavam a própria competência, sentiam-se mais irritados ou fadigados, tinham dificuldade de descansar mesmo quando podiam, alguns relatavam sonhar com seus pacientes ou serem invadidos por memórias das histórias deles quando menos esperavam.

A relação terapêutica é, antes de qualquer coisa, um relacionamento entre duas pessoas. É um relacionamento em que cada uma das partes realiza um papel diferente, e o terapeuta dispõe de conteúdos e técnicas para a condução, o que torna a relação assimétrica.

Mas assimétrico não é hierárquico. A relação terapêutica quando se torna hierárquica perde seu principal elemento de construção de vínculo seguro. Assim como outras relações, a terapia envolve afetos! A pandemia parecia ter colocado uma lente de aumento em como esses afetos poderiam ultrapassar as bordas do espaço terapêutico e deixar marcas que transbordavam os atendimentos e desorganizavam os próprios terapeutas. Eu estava diante de uma lente de aumento para o trauma vicário.

A ABSORÇÃO DE SINTOMAS DOS PACIENTES E A DISTORÇÃO DA AUTOIMAGEM

O trauma vicário é um trauma indireto, caracterizado pelo resíduo emocional absorvido por profissionais que estão em contato frequente com histórias de dor e sofrimento. Ao estabelecerem uma relação empática e baseada no cuidado com os sobreviventes de trauma, os profissionais se tornam testemunhas da dor, do medo e do terror que os sobreviventes sofreram, e se tornam vulneráveis a absorver o estresse traumático, principalmente pela frequência da exposição e pela função de suporte que os profissionais desempenham nessa relação.

Também conhecido como fadiga da compaixão ou estresse traumático secundário, o termo trauma vicário foi cunhado pelas pesquisadoras Irene Lisa McCann e Laurie Anne Pearlman, com base em pesquisas que investigavam como o trabalho afetava os terapeutas que lidavam com pessoas em traumatização.

Embora os estudos sobre trauma vicário tenham ênfase no trabalho de terapeutas e profissionais da área de saúde, ele também pode ser experimentado por pessoas de diferentes áreas que estão expostas frequentemente a histórias de dor e sofrimento, em uma relação que envolve alguma dimensão do cuidar, como mediadores e voluntários que atuam em zonas de desastres e conflitos ou pessoas que trabalham em ambientes de extrema vulnerabilidade social.

TRAUMA VICÁRIO NÃO É BURNOUT

A similaridade dos sinais e sintomas entre o trauma vicário e a síndrome de burnout pode levar a uma confusão entre os dois tipos de estresse traumático. Como o burnout é uma síndrome sobre a qual se fala mais, o trauma vicário acaba por se tornar invisível para muitas pessoas que o vivenciam.

As duas condições podem desencadear aumento da ansiedade basal, humor deprimido, irritabilidade, dificuldade para dormir ou manter o sono, queda do autocuidado, perda da regulação emocional e de recursos psicológicos para lidar com o estresse cotidiano. No trauma vicário, no entanto, o aumento da ansiedade, a desesperança e a perda do sentido estão coloridas pela relação do cuidar, tratar ou auxiliar pessoas com vivências traumáticas. É frequente que esses profissionais se sintam impotentes ou insuficientes na prestação do cuidado e que tenham suas necessidades, crenças e relacionamentos afetados pela dificuldade em se desconectar das histórias com as quais trabalham.

Quando o profissional entra na espiral do trauma vicário, a própria natureza da relação com pacientes e clientes dificulta a regulação das afetações. A absorção do resíduo emocional não encontra descarga nas defesas de sobrevivência, já que lutar, fugir ou congelar não são opções para quem tem a responsabilidade de recepcionar e oferecer ambiente para aquele conteúdo sensível. As defesas sociais também ficam restritas quando o profissional se sente exclusivamente no papel de fornecer o vínculo que ajuda a regular o estresse. E, assim, não consegue buscar saídas para sua própria regulação em outros vínculos, como supervisão, grupos de estudos ou em seu próprio processo terapêutico.

A fadiga da compaixão lança o profissional em um questionamento de sua própria condição, como se não fosse seu direito estar bem, se alegrar, celebrar suas conquistas diante de tantas histórias de horror que testemunha. É comum que comece a questionar a própria competência, referências, visão de mundo e de espiritualidade. A crise na identidade, principalmente profissional, torna cada vez mais difícil manter o senso interno de conexão. Como saída para essa angústia crescente, muitos profissionais são tomados pela anestesia emocional e se tornam menos sensíveis ao contexto dramático de seus pacientes e clientes. Outros consideram deixar a profissão por não conseguirem lidar com os pensamentos intrusivos acerca das histórias ou por se sentirem insuficientes, na ilusão de que deveriam dispor de soluções aos dramas de seus atendidos.

Enquanto o burnout é um trauma direto, em que a relação com o trabalho e com o ambiente de trabalho são as fontes do estresse vivido em primeira pessoa, o trauma vicário não envolve necessariamente sobrecarga de atividades ou condições e relações de trabalho tóxicas. O trauma vicário é uma afetação não desejável da própria relação terapêutica.

Sua prevenção é um importante tema, que deveria fazer parte da formação de todos os profissionais que atuam na atenção terapêutica e à saúde. Infelizmente, pouco se fala dele, e pouco se treinam profissionais para estabelecerem relações empáticas com seus pacientes e clientes, sem abandoná-los a sós com suas dores, mas também sem se abandonarem ao mergulhar no universo do outro.

Quando olhei nos olhos da minha terapeuta depois da sessão intensa em 2018, me senti amparada em minha dor. Ela estava ali e havia sido afetada por nossa sessão, mas também senti que havia bordas claras nesse afeto. A presença correguladora dela me dava pistas de que meu conteúdo havia sido recepcionado por ela, mas não violara os seus limites. O resíduo emocional dos conteúdos que vieram à tona naquela sessão não parecia ter sido absorvido por ela, mas dissolvido no campo de vínculo seguro da nossa relação.

GANHANDO IMUNIDADE AO TRAUMA VICÁRIO

A autoproteção em relação ao trauma vicário começa com um trabalho consistente do profissional no seu próprio cuidado. Isso envolve todas as

Assim como outras relações,
a terapia envolve afetos!

dimensões de autocuidado: física, mental, emocional e espiritual, para quem fizer sentido incluir essa última. Os clássicos pilares da saúde – alimentação nutritiva, sono de qualidade, movimento e silêncio – não são uma opção para quem trabalha com a dor do outro, são como equipamentos de proteção individual (EPI). O corpo do terapeuta é uma ferramenta do processo, uma vez que sustenta a regulação emocional da relação terapêutica, e quanto mais debilitado estiver esse corpo, mais vulnerável está o profissional a ser inundado por resíduos do estresse traumático de seus pacientes e clientes.

Na trilha do autocuidado, a autoconsciência sobre as próprias respostas traumáticas facilita o desenvolvimento de limites pessoais que ajudam o profissional a dar bordas para as próprias emoções, sensações e pensamentos, e, assim, entrar em contato com a dor de seus atendidos sem se fusionar com ela. O encontro se torna transformador para ambos, mas acontece em um "terceiro corpo", que é a relação. Terapeuta e cliente têm seus limites pessoais respeitados e se afetam mutuamente sem se perder um no outro. E o resíduo do estresse traumático das histórias de dor e sofrimento é absorvido pelo território de segurança que se forma entre terapeuta e cliente, e não por um dos corpos em específico.

Ao me tornar uma terapeuta que atende terapeutas, pude testemunhar na minha prática clínica o que Kathy Steele, Suzette Boon e Onno van der Hart descrevem no livro *Treating trauma-related dissociation: a practical, integrative approach* [Tratando dissociação relacionada ao trauma: uma abordagem prática e integrativa] como as reencenações traumáticas na relação terapêutica.

É possível fazer uma aproximação entre o conceito proposto pelas autoras e o que a psicanálise chamaria de transferência e contratransferência. Mas, ao se debruçarem sobre como os traumas de terapeuta e clientes são revividos na relação entre eles, as autoras colocam a lente de aumento nas respostas traumáticas do terapeuta, que podem desproteger tanto a ele próprio quanto a seus atendidos e que levam a padrões de comportamento frequentes entre os profissionais.

Pude testemunhar no acompanhamento de meus terapeutas-clientes a recorrência da ansiedade por agradar e da codependência emocional. Para as autoras citadas acima, essa frequência não é aleatória, afinal, se a necessidade de ser necessário, que é característica da codependência, molda a forma como uma pessoa aprendeu a se vincular, não há relação em que essa necessidade seja mais bem atendida do que no apoio a pessoas em estado de dor.

Se a própria escolha da profissão pode ter sido guiada de forma não consciente por nossas feridas de alma, ao escolhermos fazer companhia para as feridas de outros, precisamos estar o mais conscientes possível dos convites às danças entre traumas que podem partir das duas partes. O terapeuta precisa se debruçar sobre seu processo pessoal, aprender a identificar a ativação de suas respostas traumáticas nas sessões, reconhecer como sua fisiologia responde a tudo que é levado verbalmente ou implicitamente à sessão, manter acompanhamento constante e convidar não só paciente/cliente a ampliar suas possibilidades de engajar de forma saudável na relação, mas convidar a si próprio ao frescor de um encontro novo a cada encontro. Um que não se alivia na ilusão do poder de salvar, consertar ou proteger seus atendidos, nem sucumbe ao se deparar com a impotência de não poder fazer isso.

DUPLA ORIENTAÇÃO: UMA ÂNCORA DE PRESENÇA NO ATENDIMENTO

A dupla orientação é uma das habilidades importantes para sustentar a navegação do terapeuta pelas reencenações traumáticas que se apresentam na relação terapêutica e para encontrar caminhos de entrar e sair delas com autoconsciência. A dupla orientação consiste na atenção do terapeuta estar dirigida para a pessoa à sua frente e tudo que compõe sua complexidade (narrativa, silêncios, prosódia, expressões, movimentos e emoções) e, ao mesmo tempo, o terapeuta manter o contato com o que se movimenta dentro de si durante o atendimento: sensações físicas, pensamentos e emoções.

Quanto mais o terapeuta se torna íntimo de como sua fisiologia e sua mente se movimentam no contato com seu paciente/cliente, mais fácil será perceber pistas da entrada e saída de suas defesas de sobrevivência, e mais fácil se torna navegar por elas sem se afogar nelas. Pistas que podem vir na sutil contração do maxilar, no leve suspender dos próprios apoios na cadeira, nas microcontrações nos olhos e na boca, no sono que toma conta de si durante um atendimento mesmo tendo dormido bem, nos pensamentos julgadores sobre a pessoa atendida, na preocupação em não saber o que dizer ou fazer no atendimento e em tudo o mais que possa atravessá-lo no encontro.

Eu acredito que a dupla orientação, assim como as bases da construção de vínculo terapêutico seguro e o estudo do trauma vicário, deveria fazer parte de forma robusta do currículo mínimo de formação de qualquer profissional da saúde. Tais conteúdos ajudam a criar a imunidade ao trauma secundário ao qual o próprio trabalho nos torna vulneráveis, sem precisarmos perder a sensibilidade e a conexão com quem busca por nós.

11

A TRANSGERACIONALIDADE DO TRAUMA

> *Minha dor é perceber*
> *Que apesar de termos feito tudo o que fizemos*
> *Ainda somos os mesmos e vivemos*
> *Como os nossos pais.*
> ELIS REGINA, "Como nossos pais"

SERÁ QUE PODEMOS HERDAR UM TRAUMA?

Inspirada por autores como Rachel Yehuda, Resmaa Menakem e Gabor Maté, a resposta a essa pergunta é um sim não controverso. Mas é importante mergulharmos um pouco no entendimento de transgeracionalidade do trauma na visão *trauma-informed* para não criarmos uma perspectiva mística sobre o tema.

A transgeracionalidade do trauma está na ideia de que os sintomas, assim como os comportamentos de sobrevivência ao trauma, podem ser transmitidos de uma geração a outra, perdurando indefinidamente em uma linhagem familiar. Estamos falando de alterações no comportamento, na fisiologia, na forma de enxergar e lidar com a vida que atravessam de uma geração a outra de várias formas.

Não significa, portanto, que herdemos exatamente a experiência traumática vivida por nossos ancestrais, mas que podemos herdar o que essas experiências deixaram de marcas no corpo, no cérebro e no comportamento deles. Essas marcas herdadas nos tornam mais sensíveis à traumatização quando vivenciamos desafios em nossa própria vida, ainda que esses desafios não sejam os mesmos vividos por nossos pais e avós.

Os trabalhos da psiquiatra e pesquisadora Rachel Yehuda sobre trauma transgeracional podem nos ajudar a tornar mais concreto o entendimento da transgeracionalidade do trauma. A autora se dedicou ao estudo da neurobiologia do TEPT em sobreviventes do Holocausto e em seus filhos. Suas pesquisas apontam que filhos de sobreviventes do Holocausto nasceram com baixos níveis de cortisol, tal como os pais.

Ao contrário do que se pode intuir, em pessoas com diagnóstico de TEPT é comum se encontrar níveis muito baixos de cortisol. Embora seja conhecido como o hormônio do estresse, o cortisol também participa da regulação de várias funções importantes no corpo, incluindo a redução de inflamações, o controle dos níveis de açúcar no sangue e o bom funcionamento do sistema imune. Por isso, cortisol em níveis ótimos é muito importante para a saúde, e cortisol em níveis abaixo do esperado é prejudicial.

Para iluminar um pouco essa relação entre baixos níveis de cortisol e transtorno do estresse pós-traumático, vou recuperar a ideia das três fases de resposta ao estresse que abordei anteriormente. Na fase 1, o organismo responde ao estresse nos colocando em alerta. É uma fase mediada principalmente por adrenalina e noradrenalina, para que possamos reagir ao risco no menor tempo possível. Mas, se estamos diante de um risco ou ameaça que não é passageiro, essa primeira resposta ao estresse não será suficiente, e aí entra na jogada o sistema neuroendócrino com a liberação do cortisol para sustentar por mais tempo a reação do organismo ao estresse. Além de ser importante para essa sustentação da resposta de estresse por mais tempo, o cortisol também tem um papel significativo na interrupção da resposta de alarme da fase 1. Grosso modo e metaforicamente falando, seria como se esse hormônio fosse o regente que vai chegar e dizer: "Calma, coração acelerado. Tranquilize-se, respiração, reduzam, ativações, porque vamos ter que lidar com esse problema aqui por muito tempo, e essa pessoa não pode ficar sobressaltada assim o tempo inteiro". Para que esse papel de regente das fases 1 e fase 2 seja executado, é necessário que o corpo disponha de cortisol em níveis ótimos. Mas experiências de estresse crônico e algumas das próprias desorganizações que acontecem no TEPT, como alterações de sono e de alimentação, podem sobrecarregar as glândulas suprarrenais, envolvidas na liberação do cortisol, levando à redução dos níveis do hormônio no corpo.

Os baixos níveis de cortisol encontrados em pessoas com diagnóstico de TEPT são uma das explicações para que, diferentemente do que acontece em outros tipos de trauma, a pessoa esteja mais suscetível aos flashbacks, pesadelos, sobressaltos e revivescências do trauma. É como se ela tivesse ficado fixada na resposta de alarme e, ao menor gatilho, seu corpo responde como se o trauma estivesse acontecendo novamente, no momento presente.

Em função desse papel importante do cortisol na reação ao trauma, os bebês que nasceram com níveis de cortisol abaixo do esperado estariam, segundo a autora, mais suscetíveis a desenvolver TEPT quando expostos a situações desafiadoras. Ainda que as experiências de estresse que esses bebês venham a vivenciar ao longo da vida sejam completamente diferentes das vividas por seus pais, a probabilidade de gerarem o mesmo desfecho, o transtorno do estresse pós-traumático, estaria aumentada.

Yehuda também estudou os baixos níveis de cortisol em mulheres grávidas que foram diretamente expostas aos atentados ao World Trade Center e desenvolveram TEPT depois dos ataques e a correspondência desses níveis baixos em seus filhos, a exemplo do que aconteceu com os filhos dos veteranos de guerra. A autora conclui que a maior vulnerabilidade à traumatização dos descendentes não seria resultado do fato de terem escutado as histórias de seus pais e, com isso, terem sido expostos indiretamente ao trauma, mas, sim, das alterações que o trauma gerou na biologia hormonal dos pais e que, ao serem herdadas por seus filhos, os tornou mais sensíveis à traumatização.

O trauma faz parte da vida,
mas o reparo também faz.

Outros estudos com sobreviventes do holocausto e com populações que historicamente sofrem opressões e violências, como a população negra, apontam ainda para as marcas epigenéticas que o trauma pode deixar e sugerem a transmissão transgeracional dessas alterações. Todas essas reações bioquímicas que acontecem quando passamos por uma experiência traumática podem provocar modificações químicas no DNA, alterando a forma como os genes são lidos e expressos. Essas alterações também podem ser transmitidas de uma geração para outra. Isso significa que as marcas epigenéticas que o trauma deixou em uma pessoa ou em uma população podem afetar desde a resposta ao estresse até a saúde mental de gerações seguintes.

Na mesma direção, Gabor Maté aponta para os estudos que mostraram alterações na circuitaria cerebral de crianças muito pequenas, filhas de mães que sofreram trauma na infância, sinalizando para a transmissão de algum tipo de memória neural das mães aos bebês.

Na perspectiva da psicologia centrada no corpo, Resmaa Menakem, em seus belos trabalhos sobre trauma racial, também se debruça sobre a transgeracionalidade do trauma para denunciar os danos causados pelo racismo na sociedade. Em *My grandmother's hands: racialized trauma and the pathway to mending our hearts and bodies* [As mãos da minha avó: trauma racial e o caminho para curar nossos corações e corpos], Menakem destaca o corpo como a sede de nossas defesas de sobrevivência e discute como a fixação em respostas de luta, fuga e congelamento, levando a altos níveis de dissociação e hipervigilância, é transmitida entre gerações de pessoas negras. Menakem argumenta ainda que essa destruição das nossas defesas saudáveis está profundamente enraizada em todos os corpos e não afeta apenas pessoas negras, mas gera uma agonia coletiva que causa dano ao tecido social.

Ampliando um pouco mais as lentes da transgeracionalidade do trauma, cabe olhar para a qualidade do período gestacional. O sistema nervoso começa a se formar bem antes de habitarmos este planeta de forma independente. Já durante o tempo em que somos hóspedes ilustres do útero de nossa mãe, esse sistema começa a guardar registros e sofrer alterações. Nesse tempo, como hóspedes, receberemos tudo que for experimentado por nossa anfitriã: o ar que ela respira, os nutrientes dos alimentos que consome e a bioquímica das emoções que vive.

Alterações emocionais, distúrbios alimentares, uso ou abuso de substâncias são alguns dos exemplos de ocorrências que podem impactar o bom desenvolvimento intrauterino do bebê e deixar marcas pós-nascimento. Essas marcas são desfechos traumáticos da experiência materna que são transmitidos ao bebê. Novamente, voltamos à ideia de que um sistema nervoso que vai se formando em meio a experiências que o debilitam será mais vulnerável à sobrecarga quando diante de desafios. Caminhamos em direção à conclusão de que traumas prévios, incluindo os transgeracionais, nos tornam mais sensíveis a novas traumatizações no futuro.

Essa diferença de vulnerabilidade nos coloca em situações muito distintas diante dos desafios que a vida nos apresenta e acrescenta uma peça ao entendimento de por que pessoas diferentes reagem de forma diferente a uma mesma situação traumática.

É PRECISO UMA ALDEIA INTEIRA PARA CRIAR UMA CRIANÇA

A consciência sobre o trauma transgeracional pode, em um primeiro momento, nos desesperançar. Estaríamos, então, condenados a repetir as prisões traumáticas de quem veio antes de nós? Eu não só não acredito nisso a partir dos estudos em trauma, como tenho em minha própria história pessoal a certeza de que o trauma não é uma sentença definitiva.

Como já disse antes, o trauma faz parte da vida, mas o reparo também faz. Nem filhos precisam viver o destino traçado pelos traumas de seus ancestrais, nem mães nem pais têm de se torturar pela culpa e pelo medo da transgeracionalidade do trauma. Com frequência, mães e pais sedentos por acertar nessa função tão delicada de conduzir outro humano pela vida até que ele possa trilhar a própria caminhada se perguntam: "O que devo fazer para evitar traumatizar meu filho?". Minha resposta a essa pergunta costuma ser: "Não tente evitar que seu filho se traumatize. Isso é impossível e não é nem desejável. Em vez de tentar evitar o trauma, direcione seus esforços para cuidar de seus próprios traumas e para a qualidade da relação de vocês. Se mova na direção do afeto, do respeito, da segurança e do estabelecimento de limites com amparo".

Quando estamos em segurança, somos naturalmente direcionados para a criatividade, para a exploração e para o vínculo. Pais, mães e cuidadores emocionalmente saudáveis são naturalmente continentes de conexão e segurança para suas crianças.

Além disso, é necessário repensarmos a educação e o cuidado das crianças como uma responsabilidade coletiva e social. As mães carregam, muitas vezes solitárias, um peso indescritível em nossa sociedade. Seus sentimentos são moldados pela introjeção de máximas como:

"Quem pariu Matheus que o embale."

"Nasce uma mãe, nasce uma culpa."

Se o conhecimento sobre trauma nos aponta para o apego e o vínculo como elementos fundamentais do bom desenvolvimento de uma criança, a qualidade da relação que uma mãe vai oferecer para esse apego e esse vínculo com os filhos passa por quanto ela própria se sente apoiada e amparada. A qualidade dos vínculos primários vai impactar como as pessoas vão para o mundo e está, portanto, moldando o tecido social do qual todos nós fazemos parte. Quer você queira, quer não, será afetado pelos traumas individuais vividos por outras pessoas. Esse é um problema de todos nós.

É urgente incluirmos o senso de comunidade nessa equação, ampliando as redes de apoio, principalmente às mães solo, que são maioria, e que sustentam a base da pirâmide deste país. É urgente criarmos condições para que a culpa e o desamparo introjetados pelas mães e outros cuidadores sejam substituídos por autocompaixão e suporte. É urgente compreendermos que se o antigo provérbio africano repetido exaustivamente nas redes sociais, "É preciso uma aldeia inteira para criar uma criança", deixar de ser uma frase bonita e se tornar uma ação intencional, pode nos direcionar para uma sociedade mais saudável para todos nós.

12

REENCENAÇÕES TRAUMÁTICAS: MUDAM OS PERSONAGENS, PERMANECE O ENREDO

> *Você precisa aprender a levantar-se da mesa quando o amor não estiver mais sendo servido.*
> NINA SIMONE, "You've got to learn"

REPETIR O TRAUMA NÃO É BUSCA POR CURA

Trabalhar como terapeuta me tornou espectadora de histórias, e sempre me chamou a atenção a frequência com que experiências traumáticas semelhantes são repetidas pelas mesmas pessoas. Pode ser um mesmo tipo de acidente que ocorre várias vezes, o envolvimento em relacionamentos que levam sempre aos mesmos sentimentos (frustração, desrespeito, rejeição), consecutivos abusos, ou a saída de um trabalho insalubre para cair rapidamente em outro.

Segundo Bessel van der Kolk, em *O corpo guarda as marcas*, a proposição feita pela psicanálise de que as reencenações traumáticas seriam uma busca inconsciente por resolução não foi corroborada pelos estudos modernos, que indicam que a repetição provoca mais fixação da dor e das respostas traumáticas, abrindo janelas para a retraumatização. Até mesmo falar exaustivamente sobre o trauma na terapia pode reforçar a absorção do sofrimento.

Mas, então, por que o enredo traumático se repete?

Embora eu mesma me sinta atraída pela ideia de explicar essa repetição por uma busca inconsciente por completação e resolução daquilo que ficou fragmentado pós-trauma, os caminhos percorridos pela ciência moderna do trauma nos levam em outra direção. A repetição estaria mais ligada à vulnerabilidade deixada pelo estresse traumático. Seria mais uma consequência do trauma que uma ação em direção à sua resolução.

As repetições do enredo traumático seriam, de certa forma, até piores que o trauma em si, pois fortalecem padrões emocionais, de comportamento e relacionamentos que se tornam cada vez mais difíceis de serem quebrados. Dessa forma, segundo van der Kolk, "o trauma não se repete *para ser resolvido*, ele se repete *até que seja resolvido*".

Para mergulharmos um pouco mais na dinâmica das repetições traumáticas, vou chamar à conversa nossos desfechos já conhecidos, hipervigilância e dissociação, e recorrerei à inspiração das análises de Bessel van der Kolk e Peter Levine sobre o tema.

A vivência repetida de situações que levam à hipervigilância, à dissociação ou à alternância entre ambos pode fazer o sistema nervoso se acostumar a funcionar nesses estados de hiperativação simpática ou parassimpática. Um novo equilíbrio químico começa a se estabelecer, misturando o desconforto da experiência estressora com alguma sensação de bem-estar. É como se, por caminhos tortuosos, medo e aflição se convertessem em conforto ou até mesmo em prazer. Uma trilha de explicação possível está na bioquímica das emoções fortes.

Provavelmente você já ouviu histórias de pessoas que se machucaram durante uma briga, tentando se salvar de um acidente ou em alguma outra situação extrema, e só perceberam que estavam feridas muito tempo depois do ocorrido. Quando vivemos emoções muito intensas, a bioquímica envolvida nelas pode bloquear a dor. Por causa dessa inundação química, para muitas vítimas de trauma, a repetida exposição ao estresse traumático proporciona um alívio da angústia ou do vazio que o próprio trauma original deixou.

É um ciclo que se fecha em si mesmo, pois o trauma é acompanhado por emoções intensas, em especial o medo, e deixa como marca uma dor difusa desnorteante que perdura depois da situação traumática. Novas emoções muito intensas, por sua vez, são capazes de anestesiar a própria dor traumática. Na ausência dessa inundação química que bloqueia a dor, além de voltar a sentir a ferida traumática latejando novamente, há uma espécie de crise de abstinência pela falta da cascata bioquímica da emoção. Com o tempo, a atração pelas situações que fazem reviver o trauma se dá mais pelo medo da crise de abstinência que pela experiência em si.

A PONTE ENTRE TRAUMA, COMPULSÕES E VÍCIOS

O ciclo da repetição do trauma impulsionado pela busca da anestesia da própria dor traumática pode ser comparado, e frequentemente tem relação, com o que acontece nas compulsões e nos vícios. Um ciclo de compulsão ou vício pode se iniciar tanto pela ativação dos circuitos de dopamina, um neurotransmissor associado ao sistema de recompensa do cérebro que desempenha um papel central na regulação da expectativa de prazer, quanto pela busca por algo que promova alívio, mesmo que temporário, a um sistema de estresse hiperativado. Nesse último caso, estamos diante de uma relação importante entre trauma, compulsões e vícios, pois é a busca por alívio do sofrimento que inicia o ciclo.

Comida, drogas, sexo, trabalho, atividade física, redes sociais, absolutamente qualquer coisa pode servir como alívio temporário a alguém inundado pelo medo e pelo desamparo. O comportamento se repete e se repete, e a cada vez a pessoa necessitará de doses maiores daquilo que funcionou em um primeiro momento para fazê-la se sentir melhor. Se o que foi usado como atenuante do estresse for uma substância com poder viciante, esse ciclo se dá de forma ainda mais acelerada, e em pouco tempo o vício pode estar instalado.

Quando o que causou alívio inicial foi um comportamento como se afundar no trabalho, fazer atividade física, fazer compras ou até mesmo a busca incessante por cursos de autoconhecimento ou por práticas espirituais, algo que poderia ser benéfico e regulador para a pessoa começa a ocupar um espaço que afeta as outras dimensões da vida e desorganiza o equilíbrio. Estamos na trilha da compulsão. Com o tempo, a substância ou atividade em si deixam de ser o mais importante, e a repetição se dá pela busca da sensação de alívio e pelo medo da abstinência.

Gabor Maté, no livro *In the realm of hungry ghosts: close encounters with addiction* [No reino dos fantasmas famintos: encontros próximos com a dependência], descreve as compulsões e vícios como tentativas de automedicação em função desse ciclo envolvendo o alívio do sofrimento. É a tentativa de parar uma dor, via de regra uma dor emocional relacionada a trauma. Porém, aquilo que em um primeiro momento causou alívio, no médio/longo prazo começa a causar dano, mas, ainda que se tenha consciência do dano, já é difícil interromper o comportamento. Tem-se, portanto, o tripé das compulsões e vícios: benefício no curto prazo, dano no longo prazo e dificuldade para romper o ciclo. Ao olharmos por essa lente, a ênfase do tratamento de pessoas que apresentam compulsões e vícios não é no comportamento em si, mas em como ela estava se sentindo antes de o ciclo começar.

O entendimento da ponte entre trauma, compulsões e vícios nos ajuda a olhar de forma mais compassiva para aqueles que se envolvem repetidas vezes em relacionamentos abusivos, que se colocam em recorrentes situações de risco, que se perdem em comportamentos autodestrutivos ou, ainda, para as pessoas que não conseguem tolerar quando tudo está calmo e parecem estar em constante busca de conflitos, pois seu sistema corpo-mente confunde paz com tédio, e a falta de ativação emocional intensa a lança em uma sensação não de segurança, mas de vulnerabilidade.

Olhar para o papel do trauma nas compulsões e vícios explode em mim sentimentos controversos e me faz revisitar as memórias de meu pai dominado pelo álcool e quanto a tentativa dele de anestesiar a própria dor gerou dano para ele e para quem estava ao seu redor. A melhor tradução para o que sinto quando olho para essa dança sombria entre o trauma, as compulsões e os vícios me foi dada não pela psicologia ou pelo estudo acadêmico, mas pela arte, no trecho a seguir do poema "Lucidez", de Luciene Nascimento, no livro *Tudo nela é de se amar*, quando ela diz:

> Quando me perguntam se estou bem, digo:
> estou bem
> dividida entre saber, me alimentar e lamentar
> Sinto uma saudade estranha de saber
> um pouco menos
> ser aquele humano médio que passa
> sem se importar
> O caminho da consciência é lugar
> de desassossego;
> e hoje a mais banal notícia já me tira do lugar
> e a mente perturbada busca o aconchego
> lendo de Sueli Carneiro a Morena Mariah.
>
> A quem importa informar a existência de Kush
> e que a filosofia grega descende da africana?
> a quem importa estudar cosmovisão Yorubá
> e refletir Revolução Haitiana?
>
> Qualquer pessoa preta que se abre à consciência
> resguarda algum respeito
> por algum preto que enlouqueceu.
> É preciso estar ciente que a verdade estraga
> a ideia de normal que a vida te ofereceu.
> Você começa a respeitar o torpor de quem bebe,
> de quem fuma, de quem chora
> e de quem sente demais.

E aos pouquinhos apreende da vivência
que a loucura
É de quem espera que a cura venha junto de
omissão e paciência
quando entende que sua cor te faz parte da base
de um sistema que sem base
não se teria erguido
compreende a inocência de esperar que os
instrumentos do opressor
vão ajudar a libertar o oprimido

Existe uma barreira após cada obstáculo
E sobre essa armadilha Aza Njeri vai dizer:
O genocídio é como um monstro grande,
cheio de tentáculos,
e a certa altura um deles atinge você.

A FALHA NA LEITURA DE PISTAS DE PERIGO

Stephen Porges, neurofisiologista criador da teoria polivagal, coloca ainda mais alguns spots de luz sobre o fenômeno das reencenações traumáticas ao enfatizar a introjeção que fazemos muito cedo de modelos de segurança e perigo. Tanto por herança evolutiva quanto por nossas vivências pessoais, aprendemos a identificar pistas no ambiente que nos sinalizam ameaças das quais precisamos nos proteger ou aquilo de que devemos nos aproximar, pois pode ser protetivo e nutritivo para nós.

A esse radar de pistas de segurança e perigo, Porges chamou de neurocepção, um tipo de informação que chega ao cérebro antes da nossa percepção consciente sobre algo. É uma leitura quase instantânea das pistas ambientais, que capta desde sinais muito explícitos, como um carro vindo em alta velocidade na sua direção, do qual você precisa se desviar, até sinais muito sutis, como microexpressões faciais e mínimas alterações de fala que fazem uma conversa ou uma relação parecerem seguras ou não. Na perspectiva da neurocepção, bastam, portanto, alguns milésimos de segundo diante de alguém para que o corpo já esteja reagindo àquela relação e nos lançando em nossas defesas de sobrevivência ou nos impulsionando para a conexão e o vínculo.

Algumas das pistas que serão usadas no nosso radar de segurança e perigo herdamos da evolução da espécie, como as que nos fazem sentir medo e aversão por animais peçonhentos. Já chegamos com essas pistas "cadastradas". Infelizmente, não podemos dizer o mesmo de nosso radar para relacionamentos peçonhentos, cujo aprendizado de respeito, segurança, reciprocidade, amor e cuidado acontece em nossas experiências pessoais e coletivas.

Por isso, é bem mais fácil reconhecer animais peçonhentos dos quais precisamos nos afastar do que reconhecer relações peçonhentas das quais precisamos nos afastar. Sobretudo se muito cedo as vias de amor e de medo foram confundidas, como nas relações de apego desorganizado, em que a pessoa que promove o cuidado e a atenção às necessidades da criança é a mesma que comete negligências, violências ou abusos.

Crianças com esse histórico experimentam desde muito cedo emoções conflitantes com as pessoas significativas para ela, tornando algo conhecido para o cérebro se relacionar com uma pessoa que é ao mesmo tempo fonte de medo, desrespeito, cuidado e afeto. Esse tipo de vivência ambígua "descalibra" a neurocepção. As pistas de segurança e perigo, que já não são extremamente precisas em condições ótimas, pois o cérebro é bem mais subjetivo do que muitos imaginam, podem ser lidas de forma invertida: enxergamos perigo onde não existe ou segurança onde não existe.

Você já esteve com alguém que nunca tinha visto antes, na fila do mercado ou na espera de um transporte, e depois de alguns minutos sabia detalhes íntimos da vida daquela pessoa? A entrega da nossa intimidade passa por uma percepção de quanto aquele contexto é seguro para receber algo que é tão caro para nós. Quanto minha percepção de segurança precisa estar confusa para que eu me acostume a entregar minha intimidade a alguém que nunca vi antes de forma tão rápida? A proposta de Porges com a neurocepção me convida também a refletir sobre o que as redes sociais se tornaram. É uma reflexão para além dos limites do público e do privado, que estão bem confusos no contemporâneo. Penso, também, em quanto de medo, desamparo e trauma alimentam as dinâmicas atuais das relações virtuais, em que pessoas que nunca se viram se agridem violentamente por motivos banais, quanto a exposição da intimidade de alguém, autorizada ou não por ela, se torna palco dos julgamentos vorazes de pessoas que sem constrangimento algum deflagram suas opiniões sobre outras com base em vozes da própria cabeça, ou tentam impor suas crenças e modos de viver aos outros. Quanto coletivamente estamos todos assustados e funcionando em estado de alerta, com nossos radares de segurança e perigo altamente descalibrados.

Mas, da mesma forma que uma neurocepção descalibrada pode fazer com que nós mesmos nos coloquemos vulneráveis em situações de risco, e pode nos manter emaranhados em relacionamentos nocivos para nós, a leitura distorcida das pistas de ameaça também pode nos afastar de relações e situações que poderiam ser nutritivas para nós.

O ciclo do vício emocional articulado à falha na neurocepção forma uma combinação tão dramática quanto eficiente para a manutenção de alguém em seus enredos traumáticos.

A CIÊNCIA NÃO EXPLICA TUDO E O FUTURO É ANCESTRAL

Apesar dos avanços científicos no entendimento de como funcionamos quando vivemos ou revivemos experiências emocionalmente desafiadoras, quanto mais me debruço sobre a sofisticada neurobiologia envolvida no trauma e quanto ela é colorida por nossas relações, cultura e experiências de vida, mais me deparo com os mistérios que envolvem a existência humana. Decerto já sabemos muito mais acerca da psique humana, do funcionamento de nosso corpo, cérebro e emoções, do que sabíamos no passado, mas acreditar que sabemos tudo ou perto de tudo é um exagero egoico da nossa dificuldade em não saber. Qualquer pessoa que tenha passeado com carinho e atenção pelo universo do trauma ou de qualquer outro conteúdo que envolva a dimensão humana tende a se humildar e se ajoelhar diante do mistério da nossa existência. E, em especial, aos que se aventuram nos labirintos da integração corpo-mente-espírito, me parece quase impossível não se deparar em algum momento com o que é transcendental e metafísico.

A fragmentação corpo, mente e espírito que aconteceu, em especial no Ocidente, fazendo com que a medicina ficasse com o corpo, a psicologia e a filosofia com a mente e as religiões com o espírito, nos possibilitou verticalizar conhecimentos, já que aprofundar exige fazer recortes. Mas, ao mesmo tempo, produziu grandes distorções de como olhamos para nós mesmos e para nossos problemas individuais e coletivos. Passamos a nos enxergar também de forma fragmentada, como se corpo, mente e espírito fossem dimensões distintas e independentes e não manifestações de um mesmo fenômeno.

Por isso, apesar destas páginas serem banhadas pelo conhecimento técnico moderno, o meu convite é sempre para que possamos nos olhar de forma íntegra. Íntegra no sentido de inteireza. A chave para a resolução do trauma está em se ver e voltar a se sentir inteiro novamente.

Os conhecimentos modernos nos ajudam a percorrer esse caminho de (re)integração, mas a melhor representação que encontro para falar de como a reconexão com quem somos se completa está em Sankofa, um ideograma que representa um provérbio africano tradicional. A imagem representada por um pássaro com a cabeça voltada para trás associa-se ao provérbio na língua Acã que diz: *"Se wo were fi na wosankofa a yenkyi"* [Você pode voltar atrás e buscar aquilo que esqueceu].

É na ancestralidade que encontramos o elo perdido para seguirmos mais inteiros. A partir dessa reconexão, podemos olhar para nós mesmos e para as outras pessoas pelas lentes da compaixão e desconfiar das mentiras que os traumas nos contam. O trauma nos faz acreditar que

A chave para a resolução do
trauma está em se ver e voltar a se
sentir inteiro novamente.

há algo de errado conosco. Olhar alguém pelas lentes da abordagem informada sobre trauma é enxergar a pessoa que existe por trás das respostas traumáticas. Olhar para o trauma pelas lentes de Sankofa é se voltar à própria ancestralidade e se apropriar da potência transgeracional que ficou escondida por ciclos repetidos de dor e sofrimento.

O trauma nos faz acreditar que comunidade, conexão e humanidade não passam de ideais românticos impossíveis. Isso nos torna cada vez mais isolados, polarizados e vulneráveis a relações peçonhentas na família, no trabalho, nas parcerias amorosas e, principalmente, vulneráveis à exploração por uma sociedade de produção que nos quer cada vez mais infelizes e insatisfeitos.

Quanto mais amedrontados, envergonhados e culpados estamos, mais necessitados de anestésicos sociais nos tornamos, e isso nos mantém consumindo em excesso, aceitando trabalhos indignos, agredindo nosso corpo em busca de padrões estéticos irreais, e sendo passivos diante de corrupções, desigualdades e injustiças. Não nos iludamos. Muita gente lucra com uma sociedade de traumatizados, alguns de forma mais consciente que outros.

O trauma esgarça o tecido social. Recuperação de trauma não se resume a um terapeuta e seus clientes de terapia. Ela inclui a busca para que humanos inflijam menos dor a outros humanos. Envolve comunidade, conexão e humanidade.

13

O ALTO CUSTO PARA OS RELACIONAMENTOS

De tudo o que mais dói, de quanto é dor
Que não valem nem prantos, nem gemidos,
São afetos imensos, puros, santos
Desprezados – ou mal compreendidos.
MARIA FIRMINA DOS REIS, "A dor, que não tem cura"

A MENTIRA COMO ESTRATÉGIA PARA LIDAR COM A FERIDA TRAUMÁTICA

Depois de algum tempo atendendo Bia, percebi que, apesar de sermos aparentemente muito diferentes uma da outra, nossas histórias guardavam muitas intersecções. As semelhanças iam além das brigas que presenciávamos de nossos pais na infância. Nós duas tínhamos aprendido que relacionamentos não eram seguros, e desenvolvemos maneiras distorcidas de olhar para nós mesmas e de nos portar nas relações, com o principal objetivo de nos fazermos necessárias e, assim, evitar abandono e rejeição. Apesar de estilos muito diferentes de externar o medo que dirigia nossos comportamentos, havia muito mais semelhanças que diferenças entre nós.

Assim como Bia, eu também aprendi a me relacionar a partir da minha função nas relações. Eu também centralizava decisões, buscava afirmar uma hiperindependência e dava soluções para tudo e para todos. Tanto a minha dureza e reatividade quanto a extroversão e simpatia extremas de Bia estavam recheadas de padrões de codependência emocional, limites soltos, ansiedade por agradar e dificuldade para estabelecer vínculos de intimidade autêntica.

A compulsão alimentar e por procedimentos estéticos ajudavam Bia a regular os medos e inseguranças que seu corpo sustentava, mesmo que para isso ela se enchesse de dívidas. Quando comia em excesso ou fazia um procedimento ela se sentia melhor, mas o alívio era temporário e ela precisava cada vez de mais e mais. Bia seguia alterando seu corpo e nunca se sentia plenamente satisfeita com sua imagem, assim como nunca se sentia saciada com o que comia.

No capítulo anterior, vimos que as compulsões e os vícios aparecem com frequência nas histórias de trauma, como tentativas de lidar com a ferida traumática. Eles apareciam na de Bia, na de Lucas, na de grande parte dos meus clientes de terapia, e na minha não era diferente. No entanto, a compulsão que desenvolvi era menos óbvia até para mim mesma. Eu tinha consciência do comportamento, mas olhá-lo nos olhos e admitir que era uma compulsão não foi tão simples assim.

Lembra do final de semana que passei inteiro jogada no sofá e que foi um marco na minha história de mudança? Cabe agora detalhar um pouco mais essa cena. Era noite de um calor absurdo de verão, e eu estava tomada por um sentimento de vazio e falta de sentido quando recebi a ligação de uma amiga que acreditava que eu acabara de retornar de um final de semana incrível na casa de praia de pessoas importantes da cidade em que eu morava na época. Eu falei sobre o almoço, o passeio de barco, a paquera e a companhia maravilhosa daqueles que na verdade eu nem conhecia. Não existia aquela amizade. Não teve fim de semana na praia, nem barco, nem tampouco paquera. E eu não inventei aquela história para me esquivar de outro compromisso. A mentira não tinha outro motivo senão aliviar meu sentimento de inferioridade. Talvez não fosse um problema se isso acontecesse eventualmente, como uma mentira social. Se fosse uma mentirinha aqui e outra acolá, mas acontecia sempre. Na maioria das vezes, não mudaria nada falar a verdade, e o conteúdo era sempre meio bobo. Eram em sua maioria fatos irrelevantes para os outros, invenções que não tinham qualquer repercussão na vida de ninguém, nem sequer na minha própria.

A sensação de bem-estar que tive durante a conversa durou pouquíssimos segundos depois que desliguei o telefone aquela noite. Eu caí em um pranto em que nunca tinha me visto antes. Chorava como um bebê, encolhida em posição fetal no sofá. Sentia meus músculos tremerem e parecia que alguém estava torcendo meu estômago. Não passava nada por minha cabeça, eu estava integralmente vivendo as sensações daquele pranto e sentia dores viscerais. Não faço ideia de quanto tempo aquilo durou, mas para mim foi uma eternidade.

Aos poucos meu corpo foi relaxando, o choro cessando e a dor no estômago e no peito foram dando lugar a uma sensação de relaxamento intenso. Naquela época, eu não conseguia nomear o que estava sentido, mas hoje eu diria que fui tomada de uma enorme autocompaixão. Eu me levantei, me olhei no espelho e fiquei alguns segundos ali parada, como se eu me visse nua pela primeira vez. Eu tinha acabado de tomar consciência de que eu tinha uma compulsão. Que aquelas não eram mentiras sociais inofensivas que não faziam mal a ninguém. Elas faziam muito mal a mim! Roubavam minha possibilidade de me sentir digna. Naquele dia, ao mesmo tempo que eu tomava consciência de que eu tinha mitomania – a compulsão por mentiras –, meu corpo entrava em um processo de liberação da carga do estresse que sustentava esse comportamento. Chorei, tremi, suei... e algo importante mudou dali em diante.

Depois de uma vida inteira sustentando realidades fantasiosas criadas apenas na minha mente como forma de me sentir menos deslocada do mundo, distinguir o que era verdade do que era mentira se tornou um desafio até para mim mesma, mas, naquele dia, quase dez anos atrás, minha história começou a mudar. Foi quando minha busca por cicatrizar minhas feridas traumáticas se intensificou. Naquele momento, eu não imaginava o que se seguiria, nem que realizaria o mito de Quíron, o centauro da mitologia grega que, atingido por uma flecha envenenada, sai em busca de salvar a própria vida e acaba por se iniciar nas artes curativas, tornando-se um curador ferido.

Criar uma realidade imaginária que me distanciasse da minha verdadeira história trazia algum tipo de alívio à realidade com a qual eu não conseguia entrar em contato. Mas, com o tempo, sustentar tantas mentiras não só aumentava o buraco negro da minha autoestima e minava qualquer possibilidade de autoconfiança como elevava muito a carga de estresse pelo medo de ser descoberta.

Uma característica da mentira compulsiva é que as histórias são uma fantasia da pessoa sobre a própria realidade, para fazê-la parecer melhor ou mais interessante, mas não têm repercussões objetivas. Não há um benefício concreto, como quando alguém mente para se esquivar de uma responsabilidade ou para obter vantagem. O único benefício da mentira compulsiva é o alívio temporário do sentimento de inferioridade.

Eu inventava namorados fictícios para lidar com a rejeição dos meninos brancos com quem convivia na adolescência, inventava coisas sobre meu pai e minha mãe que os faziam parecer um casal perfeito e extraordinário, mentia sobre habilidades minhas, como tocar violão ou falar vários idiomas, mentia sobre o que tinha feito nos fins de semana ou nas férias, sobre amizades que não existiam. E, com o tempo, passei a mentir para mim mesma sobre como me sentia.

Eu negava para mim mesma e para os outros quando estava frustrada, quando me sentia humilhada, desrespeitada, desvalorizada ou qualquer outro sentimento que fosse insuportável para mim. Não lembro quando a compulsão começou, mas foi bem cedo. Passei a infância, a adolescência e o início da vida adulta tão fragmentada entre fantasia e realidade que chegou um momento em que eu era um rascunho mal-acabado de mim mesma. Eu não existia mais.

Talvez tenha sido essa sensação de apagamento que gerou o pranto de tomada de consciência no sofá e que me levou a buscar mudança. Essa mudança começou há quase dez anos e envolveu muitos processos:

estudos, viagens de autoconhecimento, retiros, de terapias convencionais a processos terapêuticos nada ortodoxos. Eu experimentei de tudo. A mudança foi se processando aos poucos, mas a olhos vistos. Talvez só agora comece a fazer sentido para muitas pessoas que convivem comigo há muito tempo e não conhecem esse relato que o que elas viam em mim e que as fazia dizer coisas como "Você está mais leve, mais espontânea, mais suave" era a retirada do peso de sustentar uma vida colorida por mentiras. Eu havia alcançado a leveza de ser de verdade!

Apesar de estar há quase uma década nessa trajetória, ainda guardo com clareza a prisão que é viver com a compulsão. Sei também quanto estou vulnerável a retornar ao antigo padrão, e esse é um dos motivos que me fazem ter que reafirmar diariamente o meu compromisso com a impecabilidade da palavra. Depois de mais de trinta anos assombrada por minhas próprias mentiras, me tornei obcecada pela verdade como uma estratégia para me manter saudável.

Da mesma forma que um alcoolista em recuperação se mantém distante do primeiro gole para que não seja a porta de volta ao vício, eu me distancio de tudo que soa para mim como inverdade e me questiono diariamente sobre estar sendo honesta comigo mesma, com minhas escolhas e com o que acredito, para que essa não seja a porta de retorno à compulsão. Mesmo que para isso eu tenha que pagar o preço do julgamento das pessoas sobre a forma, muitas vezes direta, com que expresso minhas opiniões, necessidades e sentimentos. Afinal, estamos em uma sociedade que não só nos autoriza a mentir como nos premia por isso. É aceitável falar mal dos outros no cafezinho da firma, desde que na frente deles sejamos fofos e sorridentes, é considerado mais "educado" dar uma desculpa para negar um convite ou uma oferta que não nos interessa do que assumir nosso direito ao não, é visto como mais cordial disfarçar quando nos sentimos desrespeitados ou quando sentimos raiva do que expressar esses sentimentos de forma clara e respeitosa. Não à toa, as redes sociais se tornaram um palco de realidades falsas, vidas idealizadas e corpos perfeitos, disputando likes em um pacto de enganação mútua entre quem publica e quem curte. Também não à toa tantas pessoas queixam-se da falta de relações profundas na atualidade. Para conhecer o amor, temos que dizer a verdade para nós mesmos e para os outros, como propõe bell hooks em *Tudo sobre o amor*. Mas somos desde muito crianças incentivados a esconder a verdade. Mentimos sobre nossas qualidades para encantar pretensos parceiros amorosos, mentimos para as crianças para acalmá-las e as reprimimos quando elas são "sinceras demais" e nos colocam em situações embaraçosas; ações publicitárias mentem para que consumamos mais, mentimos sobre nossos sentimentos e pensamentos, governantes mentem e isso já se tornou uma norma social e, assim, construímos uma teia em que nos distanciamos cada vez mais da capacidade de nos encontrarmos com a verdade uns dos outros.

Como viver amor nos diferentes tipos de relação se essa teia propaga uma visão completamente equivocada de amor? Segundo bell hooks, "a aceitação generalizada da mentira é uma das principais razões pelas quais muitos de nós nunca conheceremos o amor". Essa é uma constatação desconcertante, mas que pode jogar luz sobre os sentimentos infantis que muitas pessoas – e me incluo nisso – alimentam em relação aos pais ou quem fez esse papel. Inúmeras situações de abuso e desrespeito nas relações parentais são justificadas, negadas ou encobertas em crenças como: "Eu sei que minha mãe me ama; ela me constrangia mas era para me ensinar" e "Meu pai me batia para me corrigir porque se preocupava comigo".

Pensar que os cuidadores não a amam é quase insuportável para uma criança cuja sobrevivência depende deles. É um pensamento que conduz facilmente ao sentimento de não merecimento e de inadequação. É mais fácil assimilar que eu sou uma pessoa desprezível que não merece ser amada do que pensar que meus pais talvez não saibam o que é amar e que eles próprios podem ter assimilado a mentira de que amor e abuso podem coexistir. Ampliar a análise sobre como aprendemos a nos relacionar, trazendo novas perpectivas sobre o amor, como as propostas por hooks, abre espaço para a descoberta do autoamor, do qual depende toda a nossa troca digna de amor com os outros.

AS RELAÇÕES SEMPRE PAGAM A CONTA

A mentira tinha para mim o mesmo papel que a comida e os procedimentos estéticos tinham para Bia: nos fazer nos sentirmos menos inadequadas e, portanto, menos envergonhadas. Ao mesmo tempo, porém, criava uma barreira que nos impedia de estabelecer relações de intimidade nutritivas e recíprocas. Da mesma forma, Lucas se via sôfrego e absorvido por sua compulsão pelo trabalho. Enquanto a posição de destaque que ele ocupava aliviava a sensação de invisibilidade que viveu na infância, também o mantinha distante de conexões verdadeiras de intimidade, deixando-o sempre em dúvida sobre o interesse das pessoas que se aproximavam dele. Este é o paradoxo de algumas estratégias adaptativas para lidar com o trauma: amenizam temporariamente a dor, mas aumentam a desconexão com nossas necessidades primordiais, que são o vínculo e a autenticidade.

Vivemos um eterno conflito nas relações na vida adulta quando crescemos sendo violados em nossos limites, quando deixamos de receber limites claros e amorosos, quando nossas emoções e sentimentos são sempre invalidados, quando sofremos abusos, negligências e violências ou quando nos sentimos invisíveis. Ao mesmo tempo que estamos desesperados por relacionamentos que nos permitam viver conexão, a intimidade nos apavora. O medo da rejeição e do desamparo travam um cabo de guerra com o medo de sermos violados novamente. Nessa batalha, as defesas de sobrevivências que funcionaram para nos proteger antes podem se transformar em formas fixas de existir no mundo, nos levando a acreditar que somos nossas respostas traumáticas, como se elas fossem características de nossa personalidade.

Uma resposta de luta fixada pode se manifestar no cotidiano como criticismo severo, comportamento agressivo e reativo, dificuldade para pedir ajuda, preocupação excessiva com independência e com dar conta de tudo sozinho, acessos de raiva e irritabilidade desproporcionais que não levam necessariamente à resolução do problema e, por fim, violência. A fuga pode vestir a roupa do perfeccionismo exagerado, da procrastinação severa, da dificuldade de dizer não, pode nos levar à evitação disfuncional de conflito que nos torna vulneráveis a sofrer abusos e violações e à negação da realidade. As defesas inatas relacionadas a vínculo, grito por ajuda e engajamento social, quando se tornam respostas traumáticas, frequentemente se apresentam na pele da dependência e codependência emocional, da busca desesperada por relacionamentos, da perda da capacidade de assumir a organização da própria vida, da repetição de relacionamentos abusivos e da redução do senso de agência, o que torna difícil deixar esses relacionamentos.

Agência é uma palavra usada na fronteira entre a psicologia e a psiquiatria que nomeia a habilidade para nos localizarmos nas situações que vivemos e que percebemos termos alguma possibilidade de interferência em nossos contextos. É a capacidade de acreditarmos que podemos lidar com os desafios que a vida nos apresenta e nos movimentar mesmo nas situações de grandes adversidades. Senso de agência é mais uma das coisas que o trauma nos rouba, nos fazendo sentir vítimas paralisadas à mercê da existência.

Uma defesa de sobrevivência que foi interrompida ou bloqueada pode ser encoberta pelo congelamento que tomou conta da pessoa no momento do trauma, e anos depois pode continuar a caminhar junto com ela em forma de desconfiança crônica, tendência ao isolamento, dificuldade de expressar o que sente, anestesia emocional, indecisão crônica, sensação constante de ser invisível, inadequada ou de "não ter voz".

SE A FERIDA ESTÁ NA RELAÇÃO, A CURA TAMBÉM ESTÁ

Felizmente, a história não acaba quando os mapas de nossas defesas traumáticas se tornam caminhos memorizados em nós. Se a história terminasse aqui, estaríamos destinados a existir no mundo como reféns de nosso passado infantil, apenas reagindo ao que nos acontece, tais quais robôs dotados de uma programação de inteligência artificial (IA).

―――

Se a ferida está nas relações,
a cura também está.

―――

Aliás, na atual discussão sobre IA, talvez não devêssemos nos preocupar tanto com a máquina tomar o lugar do humano, mas, sim, com estarmos nos tornando cada vez mais parecidos com a máquina e mais próximos de um autômato que, desprovido do sentir e de um corpo que vive e se relaciona com o momento presente, perambula anestesiado pelo mundo, reagindo a estímulos cada vez mais excitatórios para lidar com a perda do que nos faz engajar plenamente na vida: os afetos e as relações entre nós.

Felizmente, também, o futuro não precisa se tornar uma eterna reprodução de um passado doloroso. Eu sou uma daquelas pessoas com escore elevado na escala ACE, e eu só me encontro agora escrevendo este livro porque podemos aprender formas diferentes de existir em nossos relacionamentos a partir de novas experiências de respeito, amor e reciprocidade.

O reparo de uma relação traumática não necessariamente se dará na mesma relação. Amizades sinceras podem nos devolver a beleza da intimidade e da confiança mútua. O nascimento ou a chegada de uma criança pode ensinar aos seus cuidadores a sintonia e o amor que eles próprios não receberam. Referências de pessoas com as quais nos identificamos, ocupando espaços que parecem distantes de nossa realidade, podem nos despertar a capacidade de sonhar. Experiências de reconexão com o que transcende nossa existência material, ao que podemos chamar de espiritualidade, podem ampliar nosso universo e nosso sentido de vida. Se a ferida está nas relações, a cura também está. Citando mais uma vez Bessel van der Kolk: "A mesma capacidade que temos de nos destruirmos uns aos outros, temos de curarmos uns aos outros".

14

VERGONHA E CULPA: AS COLAS DO TRAUMA

> *A vergonha tem capacidade de fazer com que nos sintamos sós. Como se fôssemos os únicos a passar por aquilo ou diferentes de todo mundo. O que não precisamos no meio das nossas batalhas é sentir vergonha de sermos humanos.*
>
> BRENÉ BROWN, Eu achava que isso só acontecia comigo

CULPA PELO QUE FIZ, VERGONHA DE QUEM SOU

Até este ponto de nossa travessia, enfatizei bastante o papel do medo e como ele afeta o corpo quando estamos diante do implacável. Agora é hora de explorarmos um pouco mais a participação da mente e de outros sentimentos no enredo traumático. O trauma começa no corpo e a mente acompanha, criando interpretações, narrativas e convidando outras emoções e sentimentos, na tentativa de dar algum sentido àquela experiência imprevisível que nos desconserta, nos oprime ou nos apavora. A forma como a mente vai narrar para nós o que está acontecendo durante o trauma segue as pistas deixadas por escrito nas paredes mais profundas de nossa alma. Memórias, crenças, valores, aprendizados conscientes e não conscientes se misturam, formando essas sentenças que guardamos sobre nós e sobre o mundo.

Se você já se sentiu só quando seus colegas de escola riram de você, quando foi criticado no trabalho, quando foi informado por seu parceiro ou parceira que a relação acabou, ou quando se viu vítima de uma violência, abuso ou negligência de qualquer ordem, você sabe o que é sentir desamparo. O desamparo concentra todos os outros medos dentro dele e não só ajuda a colorir memórias, crenças, valores e aprendizados que a mente usará para construir a narrativa do trauma em nós como abre a porta para a entrada de sentimentos que ajudam a manter o trauma vivo. De todos os sentimentos envolvidos na dinâmica do trauma, nunca conheci auxiliares ao medo mais dedicadas do que a vergonha e a culpa. Pessoas traumatizadas são pessoas culpadas e envergonhadas.

Vergonha e culpa se entrelaçam às memórias do trauma em uma dança tão sedutora quanto danosa. A culpa aparece no trauma como um sentimento sobre o que a pessoa fez ou deixou de fazer para se proteger da situação traumática e se entrelaça a pensamentos como:

"Eu não deveria ter ido àquele lugar."
"Eu não deveria ter feito aquilo."
"Eu poderia ter evitado se eu…"
"Eu deveria ter reagido na hora."
"Não deveria ter dito aquilo que o irritou antes de ser agressivo comigo."
"Eu deveria ter me dedicado mais."
"Eu não deveria ter usado aquela roupa."

Pensamentos culposos que se repetem em um looping infinito na mente e acrescentam ainda mais estresse a um organismo já funcionando na exaustão.

A vergonha, por sua vez, assume a totalidade de quem somos depois do trauma. Sentimos vergonha de termos vivido a experiência, como se tivéssemos sido escolhidos para essa dor ou fôssemos merecedores dela. A vergonha nos faz acreditar que não deveríamos ser como somos. Enquanto a culpa faz o papel de um juiz impiedoso que nos julga e nos aprisiona como a um réu que cumpre pena por algo que não estava em seu controle, a vergonha nos lança sem paraquedas no abismo da inadequação. Uma inadequação que nos arrasta mais rapidamente para nossas defesas dissociativas. Quando estamos envergonhados, se torna mais difícil acessarmos nossas defesas ativas (lutar, fugir, gritar por ajuda e buscar conexão social). Ficamos mais vulneráveis ao congelamento e ao colapso.

Nas situações de risco literal à vida, o congelamento é a última tentativa do organismo para sobreviver. Como um bichinho na natureza que "se finge de morto" para enganar o predador, paralisamos para tentar nos mantermos vivos. Mas, ao mesmo tempo que o congelamento é a última tentativa de sobrevivência, é também uma preparação para que, se a morte for inevitável, se sofra menos. Já nas situações traumáticas sem risco literal à vida, congelamos por um risco à vida relacional. O risco de ser excluído, rejeitado ou desaprovado nos conecta com o sentimento de não pertencimento, com o medo de sermos abandonados. E para nós, mamíferos sociais, abandono se associa a risco de não sobrevivência. Nessas situações, a vergonha é a emoção prevalente e nos coloca em estado de congelamento. Aqui, ela é também a última tentativa de sobreviver e, ao mesmo tempo, uma preparação para a morte, só que não se trata da morte literal, mas de uma morte simbólica: a morte do eu autêntico. A vergonha sustentada por muito tempo aniquila nossa subjetividade e nos afasta da dignidade de existir sendo quem somos. Perdemos autenticidade e a capacidade de construir uma forma autoral de viver. Ficamos aprisionados a viver as escolhas feitas por outras pessoas.

Vergonha e culpa, apesar de auxiliares dedicadas na manutenção do trauma, não são muito dadas à verdade. Elas adoram criar histórias para se manterem úteis. Essas mentiras chegam à consciência recheadas por autocondenação e autoperseguição.

"Se eu fosse diferente, ele/ela teria ficado comigo."

"Se eu fosse mais comportada ou mais inteligente, meus pais me amariam mais."

"Se eu fosse uma boa pessoa, isso não teria acontecido comigo."
"Se eu fosse mais bonito/bonita, mais rico/rica, mais competente, mais magra/magro, mais forte…"

Uma cena habitual na sala de um terapeuta diante de um sobrevivente de trauma é ouvi-lo se culpar por coisas que estavam fora do seu controle ou ver a vergonha tomar conta de suas sensações, pensamentos e comportamentos, em forma de ataque a si próprio, ataque ao outro, isolamento ou retraimento.

Nem sempre a pessoa traumatizada tem consciência de estar inundada pela culpa e pela vergonha pós-trauma. Em uma sociedade como a nossa, pouco ou quase nada informada sobre trauma, as narrativas mentirosas do trauma são assumidas como verdades e confirmadas por julgamentos externos que as tornam ainda mais danosas. Basta ver o que acontece com vítimas de abuso que depois de anos rompem o silêncio que as corroía por dentro e são descredibilizadas, julgadas ou questionadas.

"Por que não fez nada?"
"Por que não falou antes?"
"O que você vestia na ocasião?"

Desacoplar vergonha e culpa do medo condicionado pelo trauma é um passo importante no caminho de cicatrização da ferida traumática.

O casamento entre um corpo funcionando em estado de alerta e uma mente funcionando em modo de autocondenação nos desvia não apenas da conexão com quem somos e com quem está ao nosso redor, como também nos torna passivos diante da vida. Deixamos de confiar que somos capazes de lidar com o que se apresenta para nós. A desorganização interna e a falta de conexão externa abrem espaço para outros convidados, como a frustração e a impotência. Esses sentimentos orquestrados pela vergonha e pela culpa limitam nossa capacidade de fazer boas escolhas para nós mesmos.

Segundo o médico Paul Conti, autor de *Trauma: a epidemia invisível*, a vergonha acoplada ao trauma influencia nossas escolhas, nos afastando daquilo que poderíamos fazer para melhorar nossa vida. Ele diz:

> Escolhemos procurar um emprego melhor? Sair de um relacionamento abusivo? Parar de fumar? Comer alimentos bons para o corpo? Quando a vergonha entra em campo, a resposta mais provável é a opção menos saudável. Ela dificulta ter fé em nós mesmos ou confiança e amor-próprio que nos lembrem que merecemos uma vida boa. A perseverança e a disciplina já são bastante difíceis sem a vergonha jogando obstáculos adicionais no caminho e exaurindo nossa capacidade de ver o quadro maior.

Vergonha e culpa são sentimentos que gostam das sombras. Iluminá-los é um bom começo para o que Conti chama de antídoto aos sentimentos que mantêm o trauma vivo. Comece a prestar mais atenção nos seus diálogos internos. Qual reputação você daria a si mesmo? Que pensamentos lhe visitam sobre si mesmo ao longo de um dia? Essa auto-observação não vai dissolver por completo as colas do trauma, mas começa a ampliar a autoconsciência e permite questionar as narrativas que a mente – e a sociedade – nos contam sobre nós. É importante começar a participar ativamente do diálogo interno promovido por vergonha e culpa, em vez de ser apenas um ouvinte que aceita tudo como verdade absoluta.

> "Será que eu tive mesmo culpa nessa situação?"
> "Será que eu tenho do que me envergonhar?"
> "Se eu estivesse aconselhando alguém que amo muito sobre essa situação, o que eu diria a essa pessoa?"

O PERDÃO NÃO É O PEDÁGIO PARA A RESOLUÇÃO DO TRAUMA

A facilidade com que vergonha e culpa nos convencem de que não somos merecedores do melhor é o que me leva a questionar abordagens

Desacoplar vergonha e culpa do medo condicionado pelo trauma é um passo importante no caminho de cicatrização da ferida traumática.

terapêuticas que induzem pessoas a "se perdoarem" por aquilo pelo que não foram responsáveis, ou que associam a resolução do trauma ao perdão da pessoa que as feriu, como um agressor, por exemplo. Isso me parece mais um dos produtos da tendência à culpabilização individual que tomou conta da história moderna e que nos faz pensar saúde mental como uma questão individual e não coletiva. É um raciocínio semelhante a esse que faz com que os rótulos diagnósticos sejam usados para atribuir às pessoas o carimbo do "defeito de fábrica delas", e que elas devem resolvê-lo tomando remédio, fazendo terapia e perturbando o mínimo possível a ordem social.

Colocar o perdão como requisito para alguém se libertar da traumatização não faz sentido quando pensamos na dinâmica psicofísica e emocional do trauma. Ao contrário, significa deixar essa pessoa ainda mais vulnerável à retraumatização. Além de todas as dores com as quais ela já tinha que lidar em decorrência da ferida traumática, agora ela ganhou mais estressores para sobrecarregar seu corpo e sua mente: a vergonha e a culpa de estar traumatizada por não conseguir se perdoar ou perdoar seu agressor.

Além disso, corremos um risco muito sério de romantizar violências, abusos e opressões ao deslocarmos a culpa para a vítima. Violência é violência, abuso é abuso e opressão é opressão. Tudo isso precisa ser nomeado e responsabilizado como tal. Sabemos que pessoas feridas ferem pessoas e que na biografia de abusadores e agressores o trauma frequentemente terá um papel de protagonismo. Sim, eles estão transferindo as próprias dores para outros, mas isso não os desresponsabiliza de responder por seus atos.

Quebrar o ciclo de transferência da dor exige uma postura ativa de todos nós: indivíduos, famílias, escolas, comunidade, empresas, sistemas jurídicos e instituições governamentais. É preciso que todos nos envolvamos não somente no combate a violências, abusos e opressões, mas também em modificar as bases sobre as quais nos relacionamos uns com os outros, a fim de interromper a fábrica de produção de traumas que a sociedade moderna se tornou.

Por uma dessas sincronicidades que se apresentam para nós quando não estamos distraídos, hoje, pouco depois de escrever este capítulo, eu escutei uma fala que sintetizava muito do que penso e do que eu tinha acabado de escrever sobre traumas que envolvem violências, abusos e opressões. Daniel Maté, um dos autores de *O mito do normal: trauma, saúde e cura em um mundo doente*, dizia, em sua rede social, referindo-se ao conflito israelo-palestino que testemunhamos atualmente:

> Há momentos para delicadeza e paciência, e momentos para repugnância moral e honestidade direta. Não somos obrigados a acalentar delírios em massa que contribuem para o sofrimento em massa. Isso não é a manifestação de bondade, é a utilização dela como arma.

Da mesma forma que não acredito em uma saúde mental dissociada de contexto coletivo, não acredito que o perdão é um pré-requisito para a libertação do trauma. Não testemunho essa relação entre trauma e perdão em meus atendimentos e não a encontro na literatura *trauma-informed*. Algumas vezes, podemos até usar a palavra perdão como legenda para o alívio emocional decorrente da resolução do trauma, que faz com que sentimentos de raiva, ódio e desejo de vingança direcionados ao perpetrador do trauma se dissolvam. Pensando nisso, o máximo que eu conseguiria me aproximar da associação entre trauma e perdão seria uma correlação oposta ao que muitas vezes vemos ser propagado: o perdão não é um requisito ou o caminho para a resolução do trauma. Ele pode ser uma consequência da resolução do trauma. Libertos dos sentimentos e comportamentos fixados pela dor, libertamos também tudo que se associa a ela.

O RISCO NADA CALCULADO DOS ESPETÁCULOS MODERNOS DE AUTODESENVOLVIMENTO

Na mesma linha das práticas que impõem aos sobreviventes de trauma o perdão como pedágio para a cura, as práticas que promovem grandes catarses, levando pessoas a acessarem uma dor visceral sem saber se o sistema nervoso delas aguenta essa sobrecarga, aumentam os riscos de retraumatização em espaços terapêuticos ou ambientes de propostas de desenvolvimento humano.

Práticas terapêuticas catárticas tiveram grande popularidade como opções para tratar trauma, sobretudo até a década de 1970, mas foram perdendo relevância à medida que os estudos, principalmente as neurociências, avançaram e ficou mais claro o alto risco de retraumatização delas. Para algumas pessoas, essas experiências podem representar um marco de transformação positiva ao provocarem uma grande descarga emocional que pode levar ao descongelamento traumático, mas se o sistema nervoso dessa pessoa estiver funcionando em sobrecarga e ela não tiver recursos internos para lidar com a ativação de emoções intensas, elas vão provocar mais sobrecarga e, com isso, fixá-la ainda mais na dor. O trauma acaba sendo revivido, e não liberado. Por isso, mesmo que para algumas pessoas essas práticas tragam benefícios, não justificam o risco de lançar uma pessoa sequer sem paraquedas às profundezas de seus abismos, em uma experiência visceral acima do que seu corpo pode suportar.

Com os conhecimentos de que dispomos hoje sobre sistema nervoso e trauma, fica fácil entender por que pode ser devastadora uma prática que faz alguém visitar uma ferida emocional de forma muito rápida e intensa, sem ter o conhecimento de quanto aquele organismo já está sobrecarregado, sem construção de vínculo de segurança ou oferta de suporte posterior. Ainda assim, vemos proliferar os grandes espetáculos em que uma pessoa conduz toda uma plateia através de uma voz de comando forte, fazendo-a passar por experiências intensas de acesso direto aos seus traumas ou por desafios estranhos como socar tijolos, caminhar no fogo ou se jogar em queda livre, pretensamente como vivências de superação de medos e desafios, mas que no fundo não passam de ativação emocional sem contexto, pois a generalização de experiências emocionais não funciona de forma tão direta assim. Além disso, muitos desses espetáculos bizarros são recheados de situações que deixam os participantes envergonhados e intimidados. É um cenário perfeito para a retraumatização.

Nesses shows de horror, depois de levar uma plateia a estados emocionais intensos, em geral, o condutor promove gritos de superação e estimula a catarse emocional. Como admiradora e estudiosa da sabedoria ancestral, a impressão que tenho é que estou diante de imitações descontextualizadas e muito malfeitas de ritos de passagem. Os rituais que fazem parte da cultura de povos originários e de outras tradições ancestrais guardam uma sabedoria profunda sobre senso de comunidade e pertença e sobre os cinturões de segurança que práticas ritualísticas precisam ter.

Joseph Campbell, em *O poder do mito*, nos convida a um passeio por rituais de diferentes civilizações e destaca a importância dos ritos de passagem na elaboração de nossos conteúdos psicológicos. Podemos ver, em muitos dos ritos descritos por Campbell, a exposição a situações estressoras potentes, mas com uma diferença essencial: nas civilizações ancestrais, essas práticas acontecem sempre ancoradas por uma forte base de segurança formada pelo senso de comunidade, conexão e vínculo, o que previne o desamparo tão determinante no trauma. Diferente disso, os shows modernos se apresentam como espetáculos soltos de algumas horas. Essas pessoas nunca mais se encontrarão e não receberão qualquer suporte posterior.

Sem o devido respeito ao conhecimento ancestral, os gurus modernos ganham popularidade na internet e arrastam multidões com a promessa de cura rápida e instantânea, mas acabam por jogar muita gente nos abismos internos delas. Naturalmente, o relato imediato de algumas dessas pessoas será de alívio e êxtase, afinal, elas acabaram de receber uma cascata bioquímica adrenalizante, que pode levar tanto à anestesia emocional quanto a uma sensação inicial de bem-estar. Lembra do ciclo da repetição traumática? No entanto, basta a curva de ativação cair para que muitos sejam lançados a lugares mais profundos e obscuros de suas feridas. Alguns já saem dessas experiências bastante devastados e desorganizados.

Perdi a conta de quantas pessoas já escutei em cursos e em atendimentos individuais com os dois tipos de relato: tanto aquelas que saíram dessas sessões espetaculares sabendo que não estavam bem quanto as que sentiram um grande bem-estar logo depois da experiência e, dias depois, foram pegas de surpresa por uma angústia desnorteante. A dor traumática que carregavam foi remexida sem qualquer cuidado, e elas estavam agora mais vulnerabilizadas que antes.

Terapeutas e outros profissionais que atuam com desenvolvimento humano podem e vão errar. Já cometi muitos erros como terapeuta, e todos os dias aprendo a me tornar uma profissional melhor. Mas há algumas coisas que quem escolhe trabalhar com a dor humana não pode se dar ao luxo: não atualizar seu conhecimento, não se cuidar emocionalmente e explorar as dores alheias em espetáculos irresponsáveis – e, diga-se de passagem, bastante lucrativos.

Tendo em vista o momento atual, em que testemunhamos uma proliferação acelerada desse tipo de prática, estes últimos parágrafos são também um convite à reflexão para os profissionais que se dedicam a ela. Quando você sabe dos riscos envolvidos no que está fazendo e escolhe assumi-los sem precauções, o erro deixa de ser parte do processo de aprendizado constante que nos atravessa e se torna negligência.

Lidar com o terreno emocional do outro com responsabilidade e cautela é um dos princípios básicos da abordagem informada sobre trauma, mas deveria ser condição primária para quem pretende trabalhar com os conteúdos sensíveis das outras pessoas.

15

O CAMINHO DE VOLTA: RECUPERANDO LIMITES PESSOAIS

> *O encontro acontece no limite.*
> PETER LEVINE

VÍTIMA OU ALGOZ? PRESA OU PREDADOR?

As diferentes manifestações do trauma na minha vida, da fase mais retraída e embotada à mais durona e reativa, sempre foram acompanhadas de dificuldades com meus limites pessoais. No início, era uma incapacidade total de dizer "não". Me sentia responsável pelas emoções de todos ao meu redor e na obrigação de deixá-los confortáveis, mesmo que isso significasse passar por cima dos meus direitos e necessidades. Ia desde aceitar um serviço diferente do que eu tinha contratado, fazer programações de lazer que não me interessavam, comer coisas de que eu nem gostava só para não desagradar, até engolir desrespeitos e abusos sem me posicionar. Eu estava constantemente tentando controlar a percepção das pessoas ao meu respeito e me tornando cada vez mais a boazinha sem necessidades, sempre disponível.

Mais tarde, na fase reativa, o "sim" sem critério se transformou em "não" sem critério – dois lados da mesma moeda. Eu não negociava nada e, em vez de fronteiras flexíveis, meus limites se tornaram muralhas intransponíveis que deixaram do lado de fora minha capacidade de empatia. Eu me orgulhava de dizer tudo que pensava "na lata", ostentava uma certa frieza nas relações e uma hiperindependência como se fossem troféus de uma competição invisível. A competição com o meu passado de violação de limites.

Mas o nosso sistema de limites não é um bloco homogêneo que funciona da mesma forma em todas as relações e, mesmo na fase reativa, eu continuava, principalmente no trabalho, permitindo que meus limites fossem violados. Assumia responsabilidades que não eram minhas, não conseguia me posicionar diante das situações de injustiça que eu presenciava, não acolhia (muitas vezes nem sequer percebia) o sofrimento psíquico das pessoas naquele ambiente corporativo de tamanha insegurança e abusos psicológicos, não percebia que eu mesma estava adoecendo naquele trabalho.

O salário, a possibilidade de sair de casa e uma filosofia fácil de comprar pareciam a oportunidade dos sonhos para uma menina de 22 anos, recém-saída da faculdade e cheia de inseguranças. De início, eu nem conseguia perceber que estava em um ambiente hostil e inquisidor. Meu radar para segurança e perigo estava totalmente descalibrado e eu não possuía nenhum mapa interno de relações saudáveis e respeitosas. Eu era a presa perfeita para um local de trabalho onde as relações eram ambíguas, de manipulação e dominação. O padrão de apego desorganizado que eu tinha desenvolvido desde a infância tinha encontrado o ambiente ideal para ser reencenado. Eu tinha aprendido que amor e abuso podiam coexistir, então estar em um ambiente com boas condições objetivas de trabalho, como salário e espaço físico, podia facilmente coexistir com desrespeitos e assédios.

Quando assombrados pelos fantasmas de traumas não resolvidos, com facilidade vamos nos relacionar a partir de papéis estereotipados e fixados em reações de defesa ou de ataque. Em outras palavras, é como se as infinitas possibilidades de estabelecermos relações saudáveis e de respeito fossem reduzidas a ferir ou ser ferido pelo outro. Ou você se identifica com a presa ou com o predador. Não enxergamos alternativa fora desses extremos.

Antes mesmo de ingressar nessa empresa, meus limites soltos já vinham se tornando cada vez mais rígidos, e eu me tornava cada vez mais fria e reativa, então ninguém precisava me convencer de nada. Era quase confortável me identificar com o predador, não me causava um sofrimento consciente cumprir ordens de forma acrítica, ignorar as incoerências entre o que se pregava e como os funcionários eram tratados, nem parecia um problema lidar com naturalidade com a falta de transparência, consistência e confiabilidade nas relações. Eu passei anos sem entender que o discurso do trabalho em equipe era enredado por diferentes níveis de manipulação e pela estimulação a uma competição egoica pelo pequeno poder, que tornava as pessoas desesperadas por reconhecimento e desconectadas de suas reais capacidades de cooperação e colaboração. É impressionante como ambientes de trabalho tóxicos facilmente transformam as pessoas em algozes umas das outras.

É quase chocante para mim olhar para trás com os olhos de hoje. Tudo aquilo que não me causava grandes desconfortos anos atrás, hoje me soa como o desenho de um cenário absurdamente adoecedor e muito distante do que eu seria capaz de tolerar atualmente. Cometi muitos erros como psicóloga de recursos humanos desconectada do humano em mim, testemunhei muitos adoecimentos e demorei demais para perceber que eu mesma tinha adoecido. O burnout não era apenas mais um tema que eu estudava na teoria, foi a minha realidade durante os anos que antecederam meu pedido de demissão.

O meu processo de mudança pessoal teve início cerca de quatro anos antes de eu me desligar efetivamente. A sensação que tenho é de que quanto mais eu me curava, menos fazia sentido continuar ali, e mais eu me abastecia de energia e segurança para fazer a transição de carreira que eu precisava fazer. Não era apenas questão de insatisfação com o trabalho e com a empresa, mas, sim, de sobrevivência. Eu precisava sair daquele contexto para que a Ediane autêntica, que surgia à medida que eu integrava as partes fragmentadas pelos traumas pessoais e organizacionais que eu vivi, tivesse espaço para emergir. Eu precisava de espaço para respirar! Não era uma tarefa simples. Foram camadas e camadas sendo descongeladas até eu conseguir pedir demissão efetivamente. Quando consegui, pensei: *Estou livre!* Ledo engano. As marcas dessa relação de trabalho não desapareceram no dia em que entreguei meu crachá. Até bem pouco tempo, nossas velhas conhecidas colas do trauma – vergonha e culpa – continuavam a fazer seu trabalho de manter viva em mim uma autopercepção distorcida e me contar mentiras sobre essa relação profissional.

Passei os primeiros anos depois da saída acreditando que eu devia algo para a empresa, e que falar de forma direta e honesta daquele contexto corporativo, que agora eu enxergava como adoecedor, era um ato de ingratidão. Era como se uma parte minha acreditasse que aquele emprego era um favor que a empresa tinha me feito por dezessete anos. Como se eu devesse me sentir eterna e irrestritamente lisonjeada e agradecida por ter tido essa chance, e como se meu trabalho e compromisso não fossem o suficiente para justificar o salário que eu recebia.

Eu estava totalmente enredada pela narrativa de não merecimento que minhas partes envergonhadas, traumatizadas e culpadas me contavam e que recebia reforços importantes no próprio discurso propagado na empresa. Com essa distorção de percepção, zerar a relação na minha saída não era tão simples. Precisou de tempo e manutenção do meu compromisso com meu processo de autoconhecimento e autocuidado para que, além de compreender que não havia dívida alguma, eu pudesse sentir que não havia. Olhar com honestidade para essa relação profissional não era ingratidão, era parte do meu processo de cura.

AMBIENTES CORPORATIVOS QUE SE TORNAM FÁBRICAS DE TRAUMAS

Depois que deixei essa empresa, retomei minha carreira como psicoterapeuta e passei a atender pessoas enredadas em ambientes de trabalho tóxicos. Não precisou de muito tempo para eu perceber que a cultura de alienação promovida por algumas organizações de trabalho é bem mais comum do que eu imaginava. As pessoas vão sendo isoladas dentro do contexto da empresa e são constantemente inundadas por uma comunicação – algumas vezes implícita e outras bem explícita – de que estão no único local de excelência daquele segmento de mercado, que o que é feito ali está muito acima da média, que são uma espécie de "escolhidos" e que devem honrar isso não apenas com um trabalho bem-feito e comprometido, mas com um pacto de subserviência eterna.

Se você identificou alguma semelhança nesse ciclo com o padrão de relações afetivas abusivas, confirmo que sua análise está correta. Se já é desafiador reconhecer uma relação afetiva de abuso e sair dela, fazer o mesmo em uma relação abusiva de trabalho da qual acreditamos depender para sobrevivência mais primária pode ser muito mais.

A essa altura, talvez você possa estar se perguntando: o que toda essa história tem a ver com limites pessoais, que é o tema principal desse capítulo? E a resposta é: um sistema de limites pessoais mais organizado teria me ajudado a reconhecer mais cedo os desrespeitos e violações que eu sofria naquele trabalho e a me proteger deles antes de adoecer. Teria me ajudado a não violar limites de outros e a basear minhas relações no respeito mútuo.

Trauma e limites pessoais são dois temas que caminham juntos. O trauma sempre envolve uma violação de limites e frequentemente faz com que as pessoas passem a se relacionar a partir de limites fragilizados ou enrijecidos. Isso contribui para se tornarem ainda mais vulneráveis a novas traumatizações. Sem limites saudáveis, vamos para as relações nos fusionando com os outros ou construímos um muro de separação que impede conexão e intimidade. Não há outro desfecho possível: sem limites, nossas relações vão nos adoecer. O caminho em direção à reparação do trauma passa por recuperar um sistema de limites bem estruturado, o que significa limites claros e flexíveis.

O QUE SÃO LIMITES PESSOAIS?

Imagine a membrana celular lá das aulas de ensino médio: uma estrutura fundamental que envolve todas as células de um organismo e que exerce papel essencial na sobrevivência e no bom funcionamento das células. Umas das funções dessa membrana é separar o interior da célula do ambiente externo, controlando a entrada de substâncias e nutrientes, permitindo a saída de resíduos e protegendo o conteúdo da célula contra agentes nocivos como bactérias, vírus e substâncias tóxicas.

Outra função importante da membrana é a comunicação. Ela contém receptores e proteínas que permitem que as células "ouçam" sinais químicos do ambiente e de outras células e respondam a eles. Por fim, ela também proporciona estrutura e dá formato para a célula. Não sou especialista em membrana celular, por isso, caso alguma das funções anteriores não esteja descrita com precisão, peço uma licença poética aqui a fim de seguirmos em nossa metáfora para os limites pessoais.

Limites estão para nós como a membrana está para as células. São como bordas psicológicas que nos dão contornos e nos ajudam a delimitar o que está dentro e o que está fora de nós: quais são minhas emoções e quais são as emoções de outras pessoas, o que é minha responsabilidade e o que não é, quais minhas opiniões, crenças, valores e quanto faço escolhas a partir disso ou sigo vivendo as escolhas feitas por outras pessoas. Em resumo, limites diferenciam o que "sou eu" do que é "não eu".

OS QUATRO TIPOS DE LIMITES: FÍSICOS, MENTAIS, EMOCIONAIS E DE RECURSOS

Nosso sistema de limites pessoais começa a ser estruturado a partir do nascimento e é altamente dependente das relações que vamos estabelecer com o mundo. No Capítulo 8, sobre trauma de desenvolvimento, falei da pele como o nosso maior órgão de fronteira. Fronteira e bordas são dois sinônimos que vou utilizar para me referir a limites pessoais. Até prefiro essas duas opções de vocabulário, porque elas me parecem traduzir melhor a ideia de uma proteção permeável, que seleciona o que deixa entrar e o que deixa sair. A palavra limite foi a escolha da literatura sobre o tema no português, mas pode nos induzir ao equívoco de pensar nos limites como limitação ou como barreiras intransponíveis, o que não é o caso. Nossos limites não nos limitam, nem nos isolam. Eles nos delimitam, nos dão forma, e nos permitem conexão com os outros. Os limites nos permitem proteger nossas necessidades, negociar e viver relações de intimidade e amor autênticas.

Voltando à pele, esse grande órgão de fronteira, é por ela que começa a organização do primeiro tipo de limite: o **físico**. A estruturação dos limites físicos se desenvolve em conjunto com o desenvolvimento da percepção de que habitamos um corpo diferente do de nossa mãe. Assim como em nossa metáfora da célula, a pele também tem uma função de comunicação. Ela é dotada de inúmeros receptores que lhe permitem "escutar" o ambiente externo e os outros corpos, e responder a eles. Através dela, recebemos a comunicação de frio, calor, dor, sensação de um toque afetuoso ou de uma agressão e começamos a diferenciar nossas necessidades para cada uma dessas situações. Através do contato mediado pela pele, nosso sistema de limites físicos começa a se estruturar.

Os limites físicos se organizam também a partir da diferenciação de nossas necessidades físicas internas. Fome, sede, dor de barriga, dor de dente nascendo e medo são alguns exemplos de informações internas que necessitam de ofertas diferentes para que o desconforto seja reduzido. Agora imagine um bebê que todas as vezes que chora é acalmado com peito ou mamadeira, independentemente do motivo do choro. A sintonia entre cuidador e bebê, de que falei em outro capítulo, está fragilizada. Ainda que essa cuidadora ou esse cuidador sejam carinhosos e cuidadosos, se o choro for decorrente de dor, frio ou porque ele está sujinho e precisa que alguém troque sua fralda, o alimento não

Os limites nos permitem proteger nossas necessidades, negociar e viver relações de intimidade e amor autênticas.

proporcionará a regulação específica para aquela necessidade. Porém, a oferta do colo e da mamada podem trazer algum nível de conforto pelo calor do alimento ou pelo calor dos braços do cuidador. A depender das experiências que se seguirem, essa indiferenciação pode ser corrigida ou reforçada. Um dos desfechos possíveis, caso essa regulação inespecífica se fixe, é alguém na vida adulta que vai buscar na comida conforto e alívio para todos os seus desconfortos, inclusive emocionais. Ela aprendeu uma forma indiferenciada de regular suas emoções, sensações e sentimentos. A organização de seus limites físicos foi impactada.

A boa estruturação de nossos limites físicos se dá, portanto, a partir da boa corregulação de nossas necessidades físicas externas e internas, principalmente nos primeiros anos de vida, mas segue se desenvolvendo à medida que crescemos e ganhamos novas relações e habilidades.

Os limites físicos incluem tudo que diz respeito ao corpo e ao mundo físico de que fazemos parte: todas as necessidades fisiológicas (sede, fome, descanso, sexo etc.), conforto ao toque e à aproximação (como gosto e como não gosto de ser tocada, que distância é confortável numa conversa para mim), como organizo meus espaços físicos e quem autorizo a entrar e mexer neles.

O segundo tipo de limite pessoal que começa a se estruturar muito cedo é o **limite emocional**. Da mesma forma que acontece com os limites físicos, todas as outras categorias de limites se organizam a partir do atendimento às nossas necessidades e do respeito às bordas que nos dão contornos e nos diferenciam dentro das relações com o mundo. Os limites emocionais incluem a regulação das nossas emoções e sentimentos. Crianças necessitam de um adulto sintonizado com elas para aprenderem a interpretar e legendar o que estão vivendo e sentindo, e para desenvolverem a habilidade de captar pistas que facilitem a interpretação do que se passa internamente com outras pessoas. Essa habilidade é conhecida na neurociência como mentalização. Grosso modo, a mentalização é a habilidade para interpretarmos nossos estados mentais e para reconhecermos pistas dos estados mentais de outras pessoas. Para Peter Fonagy, neurocientista que aborda a mentalização como uma habilidade protetiva no trauma, estados mentais incluem não somente pensamentos, mas também sentimentos e emoções. A habilidade de mentalização de uma criança é desenvolvida a partir do que ela recebe dos adultos significativos ao seu redor, em termos de legendas para o comportamento dela e de validação ou não de suas emoções.

Assim como o atendimento indiferenciado das nossas necessidades físicas pode gerar uma desorganização que perdura até a vida adulta, uma mentalização equivocada ou a falta de corregulação emocional por um adulto sintonizado com as emoções e os sentimentos da criança pode desorganizar os limites emocionais por uma vida inteira.

O trabalho de regulação emocional anda junto com a estruturação de limites pessoais e é um dos mais frequentes na terapia de trauma. É comum acompanhar a tomada de consciência sobre as próprias emoções e sobre estados que receberam legendas erradas. Já escutei, mais de uma vez, pessoas dizerem que passaram uma vida inteira acreditando sentir uma frequente e inexplicada tristeza e estavam se dando conta de que aquilo que sentiam era na verdade raiva. Uma raiva que foi invalidada e reprimida. O contrário também pode ser verdadeiro: uma expressão constante na vida adulta de irritabilidade, agressividade e ansiedade pode esconder grandes tristezas e até estados depressivos. Medos não autorizados podem se disfarçar de excitação ou de anestesia emocional.

Voltemos mais uma vez ao início de tudo: a infância. Imagine uma criança que, quando está triste, escuta coisas como "engula o choro" ou "deixe de ser molenga, você tem que ser forte"; ou que, quando está legitimamente com raiva do irmão que quebrou seu brinquedo, ouve: "que feio se comportar assim", "abrace seu irmão". Toda a fisiologia dela vai se contrair para frear o fluxo natural da emoção de raiva que a visita e validar a mentalização que está recebendo de seu vínculo principal de cuidado. Se isso for repetido ao longo do desenvolvimento, em vez de aprender a lidar com suas emoções, se direcionando para ações que sejam alinhadas com o que a emoção veio comunicar, ela aprende a escondê-las, reprimi-las e negá-las.

Facilmente mais tarde tem-se um adulto respondendo com fadiga e desvitalização às situações em que seus limites são violados. A raiva, que é a emoção que nos comunica a violação dos nossos limites, se disfarçou de tristeza. Da mesma forma, se o medo e a tristeza eram as emoções invalidadas, a pessoa pode desenvolver estratégias para disfarçá-los, nem que para isso precise encobri-los com comportamentos agressivos e explosões de ira. Pessoas agressivas e reativas frequentemente guardam grandes tristezas.

Agora imagine que a criança recebeu a validação e a mentalização adequada de suas emoções. Quando triste, ela recebeu o acolhimento para lidar com a tristeza, e quando teve seus limites violados, aprendeu que aquele desconforto que fazia seu coraçãozinho acelerar e seus dentes travarem era raiva, aprendeu que era legítimo sentir isso diante do que aconteceu com seu brinquedo, mas que não podia devolver quebrando o brinquedo na cabeça do irmão, e que teriam que encontrar outras formas para reparar a situação. Essa criança tem mais chances de crescer aprendendo a identificar e dar caminhos saudáveis para suas emoções em vez de negá-las, escondê-las, reprimi-las e transformá-las em sintomas.

Outra desorganização de nossos limites pessoais que pode acontecer na fase de estruturação deles é a introjeção da responsabilidade pelas emoções das outras pessoas. Digamos que a criança do nosso exemplo agora está brincando e não quer almoçar ou não quer fazer o dever de casa. Em vez de ouvir a razão real pela qual ela precisa fazer aquilo naquele momento e, assim, começar a aprender a estabelecer limites para si própria, ela escuta algo como: "Coma, senão mamãe vai ficar triste"; "Venha fazer o dever, senão papai vai ficar muito irritado".

A legenda que a criança recebe nessas situações é que ela é responsável por garantir que mamãe e papai se sintam bem. Em vez de aprender que tem que fazer o dever de casa porque isso faz parte de suas responsabilidades e que tem hora para brincar e hora para suas obrigações, que precisa se alimentar para se manter saudável, e assim por diante, ela está aprendendo que o estado emocional das pessoas ao seu redor depende dela, e que ela deve sempre se comportar para garantir conforto e segurança aos demais. Assim, temos uma boa receita para desenvolver ansiedade por agradar, codependência emocional e uma preocupação excessiva em controlar a percepção das outras pessoas a nosso respeito.

Quando se trata de orientar e educar crianças em desenvolvimento, falar uma vez provavelmente não será o suficiente. A fim de organizar seus limites para consigo mesma, ela precisará ouvir e ter suas emoções reguladas de forma prática e empática, duas, três, quatro, dez vezes se for preciso. Tanto para legendas equivocadas se fixarem quanto para a habilidade de mentalização ser desenvolvida de forma adequada é preciso repetição.

Seguindo nas fases do desenvolvimento, o terceiro tipo de limite a se estruturar é o **mental**. O conceito de mentalização também se aplica a ele, já que a mentalização não se restringe apenas a identificar e legendar emoções, mas abarca também pensamentos, intenções e crenças. Esse tipo de limite se estrutura quando começamos a formar nossas opiniões sobre nós mesmos e sobre o mundo, e a expressar nossos pensamentos.

Vamos imaginar dois exemplos agora: uma criança falante e extrovertida, que sempre escuta: "Menina, pare de falar. Você não fecha essa matraca"; e outra que todas as vezes que o pai está em casa fica animada com a presença dele e insiste para brincar, mas o homem está sempre assistindo à TV ou trabalhando e responde sem paciência: "Eu já falei que não posso brincar agora! Deixe de ser chato, garoto".

As repetições dessas experiências vão influenciar na formação da percepção dessas crianças a respeito de si próprias. Se essa construção de autopercepção foi recheada de adjetivos como chata, faladeira, matraca, preguiçosa e tantos outros que usamos para rotular crianças, essas são as lentes que elas recebem para olhar para si mesmas. Suas necessidades de autoexpressão podem, no futuro, ser negligenciadas pela dificuldade de expressar opiniões e pensamentos para não serem consideradas "uma matraca", a capacidade para construir relações de intimidade pode ser encoberta pelo desconforto de se acharem chatas e inconvenientes sempre que buscam um contato afetivo com alguém.

Os limites mentais são norteados por como nossos pensamentos, crenças e valores foram validados e respeitados ao longo do nosso desenvolvimento, em um equilíbrio sutil e delicado com a absorção de regras e responsabilidades que são importantes também para os limites saudáveis. Portanto, não se trata de validar tudo que é dito ou feito por uma criança. Ao contrário, crianças que não recebem direcionamentos e por vezes orientações firmes de seus cuidadores têm uma experiência de não estarem sendo vistas, que leva à sensação de insegurança e desamparo.

Além disso, a ausência de limites desorganiza a relação delas com as próprias necessidades, com seu controle de impulsos e com a negociação com seus próprios desejos. Trata-se de oferecer regulações adequadas às situações e de fornecer limites claros, amorosos e flexíveis. Se não tem brincadeira agora porque é hora de fazer o dever ou porque você está trabalhando, essa é a legenda que a criança precisa assimilar, e não algo que a faça acreditar que ela é inadequada e ponto. Ainda que para isso seja preciso repetir de forma amorosa, incontáveis vezes, a mesma coisa.

A repetição talvez seja o ônus e ao mesmo tempo a grande benção da relação entre crianças e seus cuidadores, pois ao mesmo tempo que a repetição dá trabalho e cansa, também permite que uma eventual atitude desencaixada de um cuidador, como em um dia difícil em que perdeu a paciência e gritou com a criança, possa ser reparada pelas ações que se seguem.

Fechando o quarteto dos tipos de limites, temos o limite de **recursos**. Esse é o último a ser estruturado no desenvolvimento, pois inclui como lidamos com o que dispomos para realizar nossas rotinas diárias, para nos relacionarmos e para nosso conforto material. Tempo, energia e dinheiro são três recursos importantes de que precisamos para viver. Limites de recursos saudáveis nos ensinam como, para quem e de que forma disponibilizamos nosso tempo, nossa energia e nosso dinheiro e também nos ajudam a protegê-los.

Será que toda e qualquer pessoa rouba seu tempo e sua energia? Com o que e com quem você despende seus recursos materiais? Será que, mesmo quando pode, você deixa de estar com pessoas que ama por uma inflexibilidade na sua agenda? Essas são algumas das perguntas que você pode se fazer quando pensa sobre seus limites de recursos. O aprendizado dos limites de recursos ocorre de forma análoga ao dos demais tipos de limites. Vamos construindo limites mais soltos, rígidos ou saudáveis de acordo com as nossas experiências e com o que funcionou para nos proteger ao longo da vida.

Um sistema de limites saudável nestas quatro dimensões – física, mental, emocional e de recursos – nos fornece ferramentas importantes para a construção de relações saudáveis, para o autocuidado e para lidar com a vida. Bordas claras e flexíveis nos mantêm mais próximos de relações nutritivas e nos fazem identificar e nos afastar mais facilmente de relações nocivas, sejam pessoais ou de trabalho. Não saberemos quanto uma relação é verdadeira até que ela tenha limites claros. Relacionar-se é um processo que exige negociação entre desejos e ideias.

Limites saudáveis não impedem essas negociações, nem são exercidos como uma forma de tentar controlar ou manipular o comportamento do outro para que ele aja como você deseja. Limite não tem a ver com o outro, tem a ver com você. Envolve conseguir identificar suas necessidades, identificar quando elas estão sendo atendidas e quando não estão, o que é negociável e o que não é negociável para você, e o que você pode fazer para melhor proteger essas necessidades, se relacionando com tudo que o cerca.

Quanto mais conscientes estamos de nossas bordas e fronteiras, mais calibrado fica o nosso GPS emocional e vice-versa: quanto mais conseguimos identificar, sentir e dar caminhos saudáveis para nossas emoções, maiores as chances de conseguirmos identificar, comunicar e, principalmente, manter nossos limites. A segurança emocional nos deixa mais confortáveis para compartilhar pensamentos, opiniões e crenças, buscando relações que nos façam nos sentir respeitados, amados, e nas quais possamos oferecer o mesmo.

LIMITES SOLTOS, RÍGIDOS OU SAUDÁVEIS

Chegar à vida adulta com um sistema de limites bem organizado é possível, mas não é tão simples assim. Muitas coisas podem interferir tanto na boa estruturação de nossas bordas como podem desorganizá-las nas diferentes fases da vida. Um adulto que sofre uma violência cruel pode ter seus limites físicos, mentais e emocionais, que foram bem estruturados na infância, impactados por esse único episódio. Uma criança que cresce em um ambiente em que os limites eram confusos, as legendas para as emoções eram culpabilizantes e em que não recebia corregulação emocional, pode nem chegar a construir um bom sistema de limites, pois a sobrecarga de estresse direciona muito cedo todos os recursos de seu corpo e mente para a sobrevivência, desconectando-a de suas necessidades. Já aquelas que foram cuidadas por pessoas com limites muito rígidos ou muito soltos podem introjetar esses modelos e aprender desde cedo a ir para seus relacionamentos se fusionando com o outro ou criando barreiras intransponíveis que impedem contato de intimidade.

As experiências traumáticas impactam o sistema de limites tanto para mais quanto para menos. Elas descalibram o radar de segurança e perigo, confundem o que é negociável e o que não é negociável e, muitas vezes, fazem engasgar com a formiga e engolir o elefante. É quando, por exemplo, alguém é capaz de tolerar uma amizade tóxica, mas explode de ira com o cachorrinho da vizinha que fez xixi uma única vez no seu portão. Quando a mesma pessoa que destrata o entregador de comida por um equívoco irrelevante encontra justificativas constantes para a manipulação e irresponsabilidade afetiva do seu parceiro ou parceira amorosos. Quando alguém tem comportamentos racistas ou homofóbicos com um desconhecido, mas os desrespeitos que sofre dos próprios pais ou dos chefes são minimizados.

Tolerar desrespeitos, abusos, assédios, negligências nos diferentes tipos de relacionamentos, assim como reagir de forma desproporcional às situações que poderiam ser negociadas, é sinal da desproteção de um bom sistema de limites. Na polaridade oposta, o trauma pode deixar um verdadeiro pavor de ter seus limites violados e trancar a pessoa dentro de grades de proteção que, com o tempo, se tornam a prisão em que ela cumpre seu autoexílio, isolada e desconectada das outras pessoas.

RECUPERANDO LIMITES PESSOAIS

Muitas das travessias que fazemos em busca de mais autoconhecimento, saúde mental e processamento de dores começa com a auto-observação. O trabalho com limites não é diferente. Vivemos em um tempo em que tudo nos joga para fora de nós o tempo todo. Recebemos cotidianamente uma avalanche de estímulos que nos convidam a mergulhar no excesso de trabalho, navegar horas a fio nas redes sociais, comprar e comer em excesso, abusar de entretenimento e de substâncias que nos relaxem ou nos estimulem. A incansável oferta desses anestésicos sociais nos distrai e nos distancia de olharmos para o que realmente acontece dentro de nós.

Estabelecer limites saudáveis, porém, nos exige parar de nos distrairmos. Isso porque, ainda que tenhamos clareza de quais dos nossos limites são sempre violados ou onde poderíamos ser mais flexíveis, isso não torna simples comunicá-los e mantê-los. Saber que sua mãe viola seus limites quando chega em sua casa toda semana sem avisar e interfere na sua rotina não torna simples lidar com a culpa ou com a sensação de ingratidão que toma conta quando você pede a ela que avise das visitas, ou quando diz que não poderá recebê-la naquela semana, e ela reage com um: "Depois de tudo que eu fiz por você!". Saber que aquela amiga só te procura quando precisa descarregar as emoções dos términos de relacionamento dela, e faz isso a qualquer hora do dia e da noite, não torna simples dizer que não poderá atendê-la naquele momento. Saber que vivemos em uma sociedade que prega um padrão de beleza física irreal e pouco saudável não torna você imune à sensação de desconforto quando se compara aos corpos perfeitos das redes sociais, mesmo tendo consciência de que eles estão modificados pela tecnologia virtual ou pela tecnologia da medicina, nem protege algumas pessoas de cair na armadilha da dieta hiper-restritiva ou dos excessos de procedimentos estéticos. Seguindo o mesmo raciocínio, saber que você poderia permitir que as pessoas se aproximem mais de você, que poderia se interessar mais pela visão de mundo de outros, que poderia pedir mais ajuda e mais colo quando precisa não torna tarefa fácil realizar esses movimentos.

A auto-observação dos próprios limites não envolve apenas saber como eles estão organizados, mas também como você se sente diante disso. É o desconforto emocional que torna desafiador posicionar ou flexibilizar limites e que nos suga para os antigos padrões. É o nó na garganta, o aperto no peito, o frio na barriga, o tremor, o maxilar que trava e todas as sensações que podem tomar conta de você no momento de comunicar um limite que tornam a tarefa uma verdadeira travessia. Nesses momentos, um simples "não" vira uma batalha hercúlea contra a própria fisiologia, e pode criar um abismo entre o que você sabe que precisa fazer e o que faz efetivamente. Como diz uma frase famosa no mundo do trauma, cuja autoria acredito ser da professora Liana Netto: "Saber e não sentir é como não saber".

A reorganização do nosso sistema de limites começa, portanto, com a auto-observação também dos desconfortos físicos que aparecem junto com a experiência de estabelecer ou flexibilizar um limite. A partir daí, se tentamos nos livrar logo desse desconforto, ficamos mais suscetíveis a atender às expectativas externas a nosso respeito do que a fazer o que sabemos que seria protetivo para nossas necessidades. O trabalho envolve recepcionar esses desconfortos e fazer companhia para o que eles movimentam no corpo. É como quem recebe uma visita não muito íntima, mas muito importante. A gente não tenta despachar rapidamente uma visita que traz informações importantes, nós reservamos tempo para escutá-la. É preciso investir tempo observando as sensações que chegam junto com nossas tentativas de proteger nossos limites, para que o corpo possa aos poucos mostrar os próprios caminhos de autorregulação que ele encontra para atravessar o desconforto e chegar à sensação libertadora de respeitar os próprios limites.

Por caminhos tortuosos, nossa sociedade associou não sentir a conforto. Ao menor sinal de desconforto, buscamos e temos à nossa disposição milhares de formas de silenciar as informações tão importantes que as emoções carregam. Destituímos o corpo da capacidade inata que ele tem de encontrar caminhos para lidar com as sensações desafiadoras e para acessar os caminhos de autorregulação.

Esperar que dizer um "não", ou tomar uma decisão que você sabe que vai desagradar alguém de quem gosta, se torne um hábito absolutamente confortável é uma ilusão, e não é nem o desejável. Se você não se afeta com isso, talvez eu tenha uma má notícia para lhe dar: é possível que esteja em dissociação. O desconforto fará parte do processo e, por isso, é muito importante conhecê-lo, gastar tempo com ele, compreender que partes do seu corpo estão mais ou menos envolvidas e, principalmente, o que vem depois das sensações desconfortáveis. Isso aumenta o seu continente emocional para que consiga estar com esse desconforto no momento de comunicar e de manter um limite, sem que as sensações inundem você como uma onda gigante arrastando-lhe de volta ao antigo padrão.

A boa notícia é que temos um recurso gratuito e disponível a qualquer tempo que pode nos ajudar a ganhar essa intimidade com o desconforto de estabelecer limites antes de irmos para a realidade nua e crua. Esse recurso é a imaginação. Imaginação é um excelente recurso terapêutico. O corpo reage muito bem ao que nossa mente produz, então podemos convidar a visita importante, mas não agradável, das emoções envolvidas com o exercício de estabelecer limites e gastar algum tempo com elas através da imaginação antes de ir para a vida real. É ganhar intimidade. E intimidade exige tempo e contato. Essa intimidade com as próprias sensações desconfortáveis devolve às pessoas com limites fragilizados ou muito rígidos o leme das suas escolhas. Devolve o senso de agência. Como nos traz van der Kolk:

A agência começa com aquilo que os neurocientistas chamam de interocepção, a percepção de sutis sensações com base no corpo. Quanto maior essa percepção, maior a possibilidade de assumir a direção da própria vida. Saber o que sentimos é o primeiro passo para saber por que sentimos. Se estivermos conscientes das mudanças constantes no ambiente interno e externo, podemos mobilizar recursos para administrá-las. No entanto, só podemos dar conta da tarefa se nossa torre de vigia, o córtex pré-frontal medial (CPFM), aprender a observar o que acontece dentro de nós.

Embora este livro não se proponha a ser um manual de exercícios, vou abrir uma exceção neste capítulo e convidá-lo para uma atividade de sensopercepção usando da sua imaginação. Você pode fazê-la agora ou retornar em outro momento, quando dispuser de uns vinte minutos sem interrupções.

EXERCÍCIO

> Dica: se possível, leia o exercício em voz alta, em ritmo lento e suave, gravando com o celular ou outro dispositivo. Dessa forma, você não precisa decorar as etapas e pode usar seu áudio como uma condução guiada sempre que for repetir o exercício. Vamos começar?
> Sente-se em um local confortável. A minha sugestão é que você só realize o exercício em outra posição se existir alguma restrição física. Nesses casos, você pode se deitar ou fazer na posição que for mais confortável para você. Na ausência de restrições, sentar já é parte do exercício. Vamos começar a organizar seus limites físicos.
> Mantenha os pés bem apoiados no chão. As mãos podem permanecer no colo ou na cadeira, como preferir. As palmas também podem ficar para cima ou para baixo – para este exercício não faz diferença. O importante é encontrar uma posição confortável, mas organizada.
> Se for confortável para você fechar os olhos, feche; caso contrário, marque um ponto à sua frente e olhe para ele. Perceba como está o seu corpo na

cadeira, os apoios dos braços, dos quadris, das costas. Suavemente, convide a sua atenção para dentro do seu corpo. Nós faremos um passeio com sua atenção por dentro do seu corpo, sem intenção de alterar ou estimular nada. Apenas notificar o que você encontrar no caminho: contrações, apertos, relaxamentos, formigamentos, dor, quentinho, expansão, frio... Não há certo nem errado, é apenas como seu corpo está neste momento. Só notifique.

Comece observando como está sua respiração. Tente acompanhar o caminho do ar que entra pelas narinas, até onde ele vai, o que provoca dentro de você, qual caminho faz o ar para sair, se há mudança de temperatura do ar que entra para o ar que sai.

Agora convide sua atenção para o topo da sua cabeça. Sinta como se seu couro cabeludo estivesse se descolando um pouquinho da cabeça e vá descendo a atenção para a região da testa, espaço entre as sobrancelhas, olhos, bochechas, nariz, orelhas, boca e maxilar. Perceba a língua dentro da boca. Perceba, somente com a sua atenção, todos os picos e vales que montam o seu rosto: olhe com os olhos de dentro. Perceba se sua face está relaxada ou contraída. Desça pelo pescoço, observando a garganta, depois ombros, braços e mãos. Costas, peito e barriga. Quadris, órgãos sexuais, coxas, joelhos, panturrilhas e pés. O corpo todo. Perceba se há condições de continuar. Se seu corpo consegue tolerar um pequeno acréscimo de desconforto. Se a resposta for não, respeite seu limite. Você não precisa ter pressa. Pode voltar a qualquer momento.

Se for possível continuar, agora trabalharemos com a sua imaginação. Convide sua mente a uma situação em que sabe que precisa estabelecer um limite e isso lhe causa um desconforto de leve a moderado. Que não seja algo banal, mas também não seja aquela encrenca que o deixa sem chão. Um limite que você sabe que precisa comunicar e já estava se preparando para essa conversa difícil. Pense qual necessidade sua precisa ser atendida a partir desse limite. O que você está tentando proteger? Seja o mais específico possível.

[Exemplo para melhor entendimento, mas você pode suprimir essa parte da gravação: digamos que eu esteja incomodada com os comentários de um

amigo carnívoro a respeito das minhas escolhas alimentares vegetarianas. Quero preservar meu direito de escolher o tipo de comida que me faz bem. Gosto desse amigo, quero continuar a usufruir da companhia dele, mas tenho a necessidade de me sentir à vontade para comer o que eu quiser quando almoçarmos juntos, e as piadas e comentários sarcásticos me fazem sentir desconfortável no almoço.]

Quando sua necessidade estiver bem clara, imagine que você está frente a frente com a pessoa que receberá a comunicação do limite. Você só vai se imaginar de frente com ela, nada mais. Apenas se imagine olhando nos olhos dela e observe o que acontece no seu corpo quando a imagem dela fica cada vez mais clara e cheia de detalhes. Pode ser que apareça alguma sensação, pode ser que alguma sensação fique mais intensa ou menos intensa do que estava quando fizemos a varredura inicial, ou pode ser que nada mude. Tudo está correto. Inclusive não sentir nada.

Tente resistir à tentação de se deixar levar pela mente na história que envolve a situação. Observe as sensações físicas sem tentar modificá-las. É como se você estivesse abrindo a porta e convidando-as para sentar no seu sofá. Você vai fazer sala para elas. Caso venha uma sensação mais intensa de desconforto, tente imaginar a pessoa um pouco mais distante de você. Veja a qual distância olhar para ela se torna mais confortável. Você pode até imaginar que existe uma proteção de vidro ao seu redor separando vocês. Encontre na imagem o que torna o contato visual mais possível e volte a observar as sensações do seu corpo, como quem lhes diz: "Vocês são bem-vindas aqui. Eu posso estar com vocês". Gaste alguns minutos observando o que acontece com essas sensações à medida que você faz companhia para elas. Retorne à imagem da pessoa e imagine que está se despedindo dela. Ela se afasta até desaparecer no horizonte.

Agora traga outra imagem: a de alguém com quem você sente total conforto e segurança. Uma pessoa a quem se sentiria à vontade para comunicar seus limites, pois sabe que seriam recebidos com respeito e afeto. Caso não venha alguém à sua mente, traga uma imagem de algo que lhe faz sentir conforto e segurança: pode ser o seu pet, uma paisagem, alguma coisa que você faz e se sente bem com isso, como dançar ou tocar um instrumento.

> Da mesma forma que antes, olhe para a imagem da pessoa (ou da situação), tentando deixá-la bem nítida na sua mente. Escolha a distância a que quer se posicionar dela e observe como seu corpo reage. Como seu corpo recebe essa nova imagem? Alguma sensação muda? Que parte do corpo parece recepcionar a imagem de conforto e segurança? Como seu corpo fica quando você se sente bem? Observe, faça as honras para essa sensação, reconheça o que é sentir segurança no seu corpo. Depois de alguns minutos, volte para a imagem em sua mente e se despeça dela, deixando-a desaparecer no horizonte.
>
> Aperte seus pés contra o chão, sinta o peso do corpo na cadeira e vá retomando o contato com seu ambiente, ouça os sons ao redor, sinta a temperatura e vá se conectando de novo com a sua leitura ou com o que for fazer agora. Veja que movimento seu corpo pede, se alguma parte necessita de um toque afetuoso ou de uma movimentação específica. Ouça a voz sem palavras do seu corpo e dê esse presente a ele. Autotoque e movimento são dois recursos de regulação que temos ao nosso dispor e que até usamos muito, mas com pouca consciência.
>
> Quando se sentir presente no corpo, faça anotações sobre a sua experiência. Anote as necessidades que descobriu ter no começo do exercício, as sensações, insights e tudo mais que considerar importante. Tendemos a não reter experiências sensoriais por muito tempo.
>
> Repita esse exercício algumas vezes, em dias espaçados, e verifique o que muda com o tempo no exercício e na forma como você observa suas sensações no dia a dia. Lembre-se: o objetivo é ganhar intimidade com suas emoções para aumentar o continente emocional para lidar com os desconfortos de proteger seus limites – e intimidade exige tempo e contato.

COMUNICAR E MANTER LIMITES

A proposta do exercício é uma conexão sensorial com a experiência de estabelecer limites, primeiro apenas notificando como elas mexem com você e quais limites de desconforto você consegue abarcar.

Não é necessário chegar a grandes ativações e catarses para promover mudanças. Ao contrário, com o tempo e com o estudo de trauma, aprendi a confiar cada vez mais na sutileza e na delicadeza dos processos. Seja gentil com você. Vá ganhando intimidade devagar com as sensações e emoções desagradáveis que te visitam até que possa estar com elas sem se perder nelas. Confie na elegância do seu corpo para ajudá-lo a lidar com elas e a escutar o que elas pedem de você. Talvez elas queiram um abraço apertado de alguém que está aí do seu lado; talvez precisem de um pouco de silêncio, ou queiram te autorizar a viver aquela escolha que você acredita ser o melhor para si. Aproprie-se do seu corpo, e ele te ajudará não só a estabelecer limites saudáveis, mas também a fazer boas escolhas.

Se sentir que já é hora de passar da imaginação para a comunicação real dos limites, recupere aquela reflexão que fez sobre que necessidade está tentando proteger e gaste alguns minutos pensando em como isso pode ser comunicado da forma mais clara e sem julgamentos possível. Aos entusiastas da comunicação não violenta (CNV), assim como eu sou, a CNV pode nos fornecer bons caminhos para comunicar e manter nossos limites. Associar esse conhecimento à regulação emocional lhe proporciona boas ferramentas para iniciar seu trabalho de recuperação de limites saudáveis.

No meu exemplo sobre meu amigo que fez certo bullying comigo quando parei de comer carne, a conversa teve um tom parecido com isto: "Amigo, a nossa relação é muito importante para mim e eu gosto muito de almoçar com você, mas me sinto incomodada com as piadas sobre minhas escolhas. Fico constrangida. A gente pode rir e falar sobre qualquer outra coisa, mas neste momento eu também ainda estou entendendo minhas novas escolhas, e por isso preferiria não falar sobre o que eu como". Escolhi esse exemplo simples para lembrar que começar por temas e relações menos complexas antes de ir para aquelas que são mais desafiadoras nos ajuda a ir ganhando, aos poucos, a confiança de que temos o direito de estabelecer e proteger nossos limites pessoais. Se partimos de limites soltos ou rígidos direto para uma relação e um assunto desafiador, a sobrecarga de estresse pode impedir a travessia de se completar e nos sugar de volta para o antigo padrão.

Quando pensar em limites pessoais, lembre-se de que eles vão muito além de dizer "não", mas que aprender a dizer "não" e a dizer "sim" com critério é uma das coisas mais gentis e amorosas que você pode fazer por si mesmo e por quem você ama.

16

O CAMINHO DE VOLTA: REPARO, VÍNCULOS E TERAPIAS

> *Então, será tudo em vão? Banal? Sem razão?*
> *Seria, sim seria, se não fosse o amor*
> *O amor cuida com carinho*
> *Respira o outro, cria o elo*
> *No vínculo de todas as cores*
> *Dizem que o amor é amarelo.*
> PASTOR HENRIQUE VIEIRA E EMICIDA, "Principia"

A VITROLA COLORIDA: UMA PONTE PARA A LIBERDADE

O ano é 2023, o mês é agosto, e eu estou prestes a subir no palco de um grande festival de inovação e tecnologia para dar uma palestra sobre criatividade e agressividade saudável. Gosto muito de palestrar nesse tipo de festival, porque costuma ter um público bem diverso e divertido. A equipe de organização me recebe e gentilmente me pergunta as minhas preferências de microfone, me mostra a mesa com água e me orienta quanto ao melhor posicionamento no palco para a iluminação.

Eu olho para o grande painel de led que ocupa o fundo do palco de ponta a ponta. Nele está projetada uma arte com a identidade visual do evento, que misturava degradês em tons vibrantes de vermelho, laranja, fúcsia e roxo. Eu já tinha visto aquela arte quando recebi o convite para falar no evento, e ela sempre me trazia uma sensação agradável. *Deve ser porque eu gosto dessa paleta de cores*, eu pensava. Aliás, essa era uma das mudanças que eu percebia em mim: nos últimos anos, fui me tornando mais colorida na forma de me vestir e de decorar meus ambientes. Um grande contraste com a adolescente e jovem adulta que praticamente só vestia cinza, preto e nude que fui.

Meus olhos percorrem o painel de led em direção ao centro, onde está uma foto minha; abaixo do meu nome, lê-se a legenda: "Psicóloga, especialista em trauma e comunicadora". Ao olhar para aquela grande projeção no palco, algum clique no meu cérebro se fez. Foi como se as palavras se misturassem às cores e, pelos mistérios do reparo, me transportassem direto a uma memória da minha infância: minha vitrola e meus discos coloridos. Esse tinha sido um presente de Natal muito esperado nos meus 8 ou 9 anos.

Não lembro ao certo com que idade ganhei a vitrola, mas eu amava aquela vitrola. Ela me acompanhou por muitos anos. Os pequenos discos de vinil eram de cores vibrantes como vermelho, laranja, fúcsia (que na minha época chamava rosa-choque) e roxo. O painel de led me jogou dentro do meu quarto na primeira casa em que moramos quando meus pais se mudaram do interior da Bahia para Brasília, em busca de tratamento para a filha do meio que desmaiava à toa, no caso, eu.

Os primeiros discos de vinil tocavam historinhas como *Os três porquinhos* e *Chapeuzinho Vermelho*... muito se engana quem acha que os audiolivros são uma invenção da era digital. Depois vieram os discos de música, e a música transformou os meus dias! Era o que me ajudava a tornar mais leves as horas que eu passava trancada no quarto. Eram respiros de fantasia em meio ao caos. Eu dançava, imitava cantoras, grupos infantis e apresentadoras de TV. Naquele quarto, em que eu me escondia da minha dor, eu também sonhava.

Não sei em que momento essa memória se perdeu, mas ali, de pé, olhando para aquele painel de led colorido com minha foto no meio, revivi a sensação de fascínio que a pequena Ediane tinha com a mágica que fazia sair som da vitrola. Sons que me transportavam para um lugar de conforto e segurança que me libertava. Ouvindo música e dançando, eu era feliz. Cada vez mais compreendo o papel protetor que a arte teve e ainda tem para mim.

Há pouco tempo, em visita à minha mãe, recebi de minha irmã minhas agendas da adolescência. Ela as havia separado enquanto organizava os armários para me perguntar o que fazer com elas. Dei-me a folhear aquelas páginas já meio grudadas pelo tempo e fui descobrindo registros de que eu não me lembrava mais. Eu fazia um tipo de diário misturado com álbum pessoal. Tinha desde relatos de situações vividas até colagens, desenhos e muita, mas muita poesia. Poemas que eu transcrevia à mão para as agendas e que em sua maioria eu sabia de cor na época. A arte sempre esteve comigo durante todo esse tempo em que lidei com os sintomas do TEPT complexo. A arte foi meu amparo quando, do lado de fora, tudo era confuso quase o tempo todo.

Mesmo antes desse festival, eu já tinha me recordado de outras passagens da minha infância e adolescência que me ajudaram a sobreviver ao trauma, a não entrar em uma escalada de autodestruição sem volta, o que poderia ter sido facilmente um desfecho da minha história. Nos últimos anos, vez por outra voltam alguns lampejos que me fazem recordar que nem tudo era dor e sofrimento. Me lembro das gargalhadas extravagantes da minha mãe, que eram o mais belo nela; eu e meus irmãos correndo no quintal e nos enrolando na rede para fazê-la girar 360 graus; as brincadeiras de rua com outras crianças; o sabor das amoras que colhíamos do pé em frente de casa e serviam também de comidinha para as bonecas; os jogos de handball e de basquete do ensino médio. Assim como a arte, o esporte também me salvou em muitos momentos. Eram práticas que me ancoravam no presente e, mesmo que temporariamente, me protegiam das lembranças de violência e do medo de novas ocorrências.

Muita coisa me ajudou a sobreviver ao trauma e a chegar naquele festival com um painel de led cujas cores, unidas à palavra "comunicadora" encaixaram, mais uma peça dentro de mim: eu já sonhava em me expressar mesmo quando a vergonha disfarçada de timidez dominava meus dias. Era a esse sonho que eu dava asas quando imitava as cantoras, as apresentadoras de TV, quando transcrevia poesias nas minhas agendas. Nesses momentos, minha alma estava incorporada: ancorada no meu corpo, conectada à parte em mim que não tinha sido tocada pela dor e que depois ficaria anos escondida pelo trauma.

Eu sabia que as mudanças em mim e em minha vida nos últimos anos eram fruto do meu processo de cura, mas acreditava que os rumos da minha carreira estavam sendo desenhados pelas oportunidades e, de certa forma, pelo acaso. Eu tinha saído do emprego no hospital e precisava divulgar meu novo trabalho, então fui para a internet. Veio uma pandemia, comecei a produzir conteúdo para aplacar meu isolamento e ajudar a amenizar o das outras pessoas, passei a dar aulas porque me convidaram, a escrever este livro porque me convidaram, a palestrar em eventos e empresas porque me convidaram e, embora me sentisse em total estado de presença nessas atividades, não existia exatamente um planejamento intencional dessa trajetória.

Naquele dia, em frente àquele palco, eu me dei conta de que essa trilha sempre esteve nos meus planos. Minhas motivações e interesses profissionais, o gosto pelo colorido, a música, a alegria, a gargalhada que joga a cabeça para trás, o olhar poético para a vida... nada disso era novo! Tudo esteve sempre ali!

À medida que fui saindo do congelamento traumático, comecei a trilhar o sonho da pequena Ediane sem me dar conta disso. Fui transitando do transtorno do estresse pós-traumático para o crescimento pós-traumático.

Nos anos anteriores, junto com esse reencontro comigo mesma, veio o resgate da relação com minha mãe e meus irmãos, que por muito tempo foi uma relação protocolar e de pouca intimidade. Eu vinha me reaproximando deles aos poucos e os (re)conhecendo como se fossem novas pessoas em minha vida. Eu tinha passado quase duas décadas com a imagem deles congelada no passado. De forma muito natural, comecei a me sentir parte dessa família, e não mais uma estranha no ninho. Sem romantizações sobre eles ou sobre mim, e com consciência de todos os problemas que enfrentamos diariamente, eu fiz as pazes com minha história e passei a sentir orgulho dela. A vergonha que me acompanhou a vida inteira foi iluminada e já não tinha espaço para trabalhar a favor do trauma.

O RESGATE DA POTÊNCIA ESCONDIDA PELA DOR

Aquele momento antes da palestra me trouxe uma epifania sobre como a reparação do trauma nos lança em um resgate dos tesouros que deixamos pelo caminho. E, curiosamente, esta foi a primeira pergunta que recebi ao fim da minha fala naquele evento, feita por uma bela jovem tentando iluminar uma trilha para as suas próprias angústias: "Mas o que você fez para acessar a sua potência criativa e superar a depressão?", ela me perguntou. A resposta começou pelo convite de reformularmos a pergunta. Não sou fã da expressão "superar o trauma/dor/ferida". Isso me remete a passar por cima de algo e seguir como se nunca tivesse existido.

Não acho que reparo e processamento de trauma se refiram a isso. Simpatizo mais com a ideia proposta por Peter Levine, de renegociarmos com o trauma. Veja como a simples mudança na escolha das palavras já nos leva a sensações diferentes. Já não estou mais lutando contra um inimigo traiçoeiro que me habita e que preciso derrotar. Estou entrando em contato e negociando com uma parte minha que guarda as marcas de experiências dolorosas que fizeram parte da minha biografia e não vão deixar de fazer, mas não precisam controlar minhas escolhas do presente, tornando o futuro uma repetição infinita do passado.

Tudo que eu vivi, tudo que meus clientes viveram, tudo que você que me lê agora viveu, são experiências que fazem parte de nossas biografias e não podem ser modificadas. Não é com os acontecimentos do passado que vamos negociar, e sim com a parte que ficou ferida por eles e que agora domina nossas escolhas.

O processo de renegociação com o trauma não tem por objetivo esquecer o que aconteceu, ou ressignificar – outra palavra que evito ao falar de trauma, pois induz a ideia de dar um significado "mais ameno" aos eventos traumáticos –, e muitas vezes, o significado é denso e intenso. Violências e abusos, por exemplo, precisam ser entendidos como tal. Reparo, processamento ou liberação de trauma são todos sinônimos para a recuperação da fisiologia de segurança que nos permite não sermos lançados de forma automática em nossos medos condicionados e na reação a eles. De volta à sensação de segurança, podemos integrar as memórias traumáticas à nossa biografia no lugar certo: no passado. Sabemos que elas fazem parte de quem somos, mas não definem quem somos, como escolhemos viver, nem predestinam nossa existência. Isso é fazer as pazes com a própria história.

O caminho de reparação pós-trauma pode incluir coisas muito diferentes para cada pessoa, e afirmo sem medo de errar: não se restringe a fazer um tipo específico de terapia. Embora a terapia possa ter um papel importante em alguns momentos, estamos falando de uma experiência complexa que afeta muitas dimensões da vida; portanto, exige também cuidados em múltiplas direções.

Neste capítulo, vou apresentar alguns faróis que podem ajudar a iluminar possíveis trilhas dessa caminhada, mas não acredito em fórmulas mágicas e universais, nem pretendo oferecer soluções simplistas para questões complexas. São faróis para iluminar a estrada, não são a estrada em si. O florescer da potência que ficou escondida pelo trauma é um processo progressivo, constante, pessoal, intransferível e que, em geral, resulta de uma combinação de fatores.

Tenho muita consciência de vários traumas que já processei ao longo dos últimos dez anos. Talvez junto com estes estejam alguns outros sobre os quais eu nem tive consciência, mas isso não significa que o processo acabou. Sair do congelamento traumático é como passar por um jardim infinito de flores congeladas que vão descongelando aos poucos. Sempre haverá uma nova flor desabrochando com o derretimento do gelo. E cada flor que descongela liberta novas possibilidades para criar, amar e explorar a vida que todos os dias toca uma música diferente e nos convida a dançar com ela.

RECUPERAR RITMO E MOVIMENTO

Saúde é ritmo e movimento. O tempo todo nos movimentamos entre polaridades. Dormir e acordar. Contrair e relaxar. Inspirar e expirar. Entrar e sair de nossas emoções. Seguir e pausar. Falar e calar. Quanto mais rítmicos esses movimentos são, mais conseguimos nos desenvolver entre eles. As feridas traumáticas reduzem essa nossa capacidade rítmica, nos tornando mais rígidos e mais defensivos.

Um dos primeiros sinais dessa perda rítmica é a desregulação emocional. Voltando à metáfora do GPS emocional que utilizei em capítulos anteriores, imagine que você precisa fazer uma viagem por estradas que não conhece muito bem e o seu GPS está com mapas trocados. Você pretende ir para um lugar e acaba parando em outro. A desregulação emocional causada pelo trauma mistura os mapas do GPS interno e você responde de forma desproporcional ou desorganizada às situações do cotidiano.

Um pequeno conflito no trabalho ou um incidente no trânsito podem disparar um acesso de ira. Pequenas frustrações podem lançar você em tristeza profunda, e desafios que fazem parte do dia a dia desencadeiam um medo intenso. Na polaridade oposta, a desregulação pode fazer uma pessoa passar por eventos dramáticos e reagir como se nada tivesse acontecido. Se pensarmos que nosso GPS emocional nos ajuda a saber o que estamos vivendo e nos prepara para nos movimentarmos a partir dessas instruções emocionais, um GPS emocional desregulado nos deixa perdidos em caminhos que desconhecemos. Não podemos mais confiar em nossas emoções e sensações.

Por isso, antes de pensarmos em visitar as memórias traumáticas, é necessário reestabelecer minimamente a regulação emocional para lidar com as situações do cotidiano. Um contato precipitado com as feridas de trauma quando o GPS está com os mapas trocados pode causar um verdadeiro acidente na estrada. Em outras palavras, se o sistema nervoso está respondendo em hiperexcitação ou hipoexcitação a coisas do cotidiano, fazer contato direto com as memórias de dor pode levar a uma sobrecarga retraumatizante. É preciso primeiro organizar os mapas do GPS para depois fazer uma viagem mais arriscada.

A combinação de diferentes recursos auxilia na recuperação dessa regulação, e cada pessoa pode e deve encontrar o seu kit de ferramentas pessoais que, combinadas, ajudam a recalibrar o seu GPS emocional, primeiro para as situações simples do dia a dia e depois para viagens mais desafiadoras aos territórios do trauma. Destaco aqui três categorias desse kit de ferramentas: corregulação emocional, recursos auxiliares e terapias.

A **corregulação emocional** é a capacidade de entrarmos em sintonia com estados emocionais uns dos outros, que permite que o sistema regulado de uma pessoa ajude a reduzir a carga de estresse em outra, fazendo, assim, uma regulação para baixo da ativação emocional estressante. Se a nossa presença promove esse bem-estar em outras pessoas, nós a estamos corregulando, e vice-versa. Nós nos corregulamos uns com os outros o tempo inteiro e, por isso, relações nutritivas e respeitosas são fontes de regulação emocional. A busca intencional do contato com pessoas com as quais sentimos que podemos ser quem somos é uma ferramenta poderosa na calibração de nosso GPS emocional. O isolamento é adoecedor, enquanto o vínculo saudável é um grande redutor de estresse.

Essa regulação não é exclusiva entre humanos, o que amplia ainda mais nossas possibilidades de corregulação. Ela também pode vir da relação com um bichinho de estimação. Por isso, cuidar de um pet é uma sugestão terapêutica cada vez mais frequente para diferentes condições relacionadas à saúde mental, inclusive em trauma.

A segunda categoria do kit, **recursos auxiliares cotidianos**, inclui práticas que alguns de nós utilizamos de forma intuitiva no dia a dia, talvez sem nos darmos conta de que estão contribuindo para

A reparação do trauma nos lança
em um resgate dos tesouros que
deixamos pelo caminho.

calibrar nosso GPS emocional. São práticas que envolvem elementos altamente reguladores, como atenção no momento presente, toque, movimento e silêncio. Alguns exemplos dessas práticas são: contato com a natureza, música, dança, canto, caminhada, massagem, e tudo mais que nos traga sensação de conforto e segurança.

Yoga, práticas contemplativas, meditação e outras atividades que ajudem a nos manter conectados com o momento presente também ganharam muita força nessa categoria de recursos auxiliares de regulação emocional. E tudo isso devido ao seu potencial de reduzir a frequência com que somos sugados para o passado traumático.

Quando o GPS emocional passa a gerar mapas mais adequados para as situações do dia a dia, isso aumenta a capacidade de lidar com emoções diversas, o que nos permite fazer contato com experiências mais dolorosas com mais segurança. A chance de nos perdermos nas vielas de nossas dores fica menor.

Para montar o seu kit pessoal de recursos auxiliares, você pode começar mapeando tudo aquilo que te ajuda a voltar para a sensação de equilíbrio e segurança em momentos de estresse ou depois de situações desafiadoras. Quando tiver a sua lista pessoal de recursos, comece a tentar incluir diferentes combinações deles na sua rotina semanal ou quinzenal, para que experimente essas sensações mesmo quando estiver tudo bem. Respeite sempre seu contexto e o que é possível para você a cada momento. A ideia não é que isso se torne uma tarefa a mais a ser cumprida, mas que proporcione um momento seu que, quando repetido, vai ajudar a recalibrar seu sistema emocional. Por isso, quando não conseguir fazer algo a que se propôs, seja gentil com você e tente outra vez.

A inclusão intencional de recursos reguladores no cotidiano pode parecer um desafio para a vida moderna e para a rotina de muitos de nós, sempre assoberbados, sem tempo para nada ou sem condições para organizar a vida de uma forma diferente. Por isso, a ideia é que seja o mais simples e compatível com sua realidade. Nós não temos as mesmas 24 horas, como algumas frases motivacionais propagadas por aí querem fazer parecer. Cada realidade é muito específica e dotada de facilitadores ou obstáculos para uma organização de rotina perto do saudável. Lembre-se: seja gentil com você. Talvez você não disponha de tempo ou condições para fazer uma hora de atividade física ou de yoga diariamente, porém pode ser que consiga fazer uma caminhada de alguns minutos; talvez não possa ir a um lugar de natureza neste momento, mesmo sabendo que a natureza te regula, mas pode fazer uma automassagem de dez minutos nos pés ou tomar um banho mais demorado, pode trazer a natureza para dentro da sua casa e cuidar de plantas, e assim por diante. Teste, experimente, combine diferentes possibilidades. Aqui, é a experimentação que vai te ajudar a chegar ao seu kit pessoal de recursos auxiliares de regulação emocional.

E QUAL O PAPEL DA TERAPIA NESSA HISTÓRIA?

Na minha travessia como terapeuta, tenho aprendido a não superdimensionar nem ignorar o papel da terapia no cuidado de pessoas em traumatização. Não tenho dúvida de que as diferentes terapias que experimentei ao longo dos últimos anos contribuíram de forma importante para o meu processo pessoal, e no meu dia a dia como psicoterapeuta escuto esse mesmo relato com frequência de meus pacientes e clientes. Mas a terapia é apenas um elemento na caminhada, não é o caminho em si. A terapia sem as relações com pessoas que me corregulavam, sem a mudança de estilo de vida que me fez me alimentar melhor, dormir melhor, ter um corpo menos inflamado para sustentar minhas emoções, sem os momentos de contemplação e silêncio, sem a arte... não teria sozinha me proporcionado condições para dar os passos que dei até aqui.

Até hoje ainda não conheci uma história sequer em que a travessia de reparação traumática não fosse composta de uma combinação variada de elementos. Já acompanhei pessoas cujo encontro com um trabalho voluntário foi o elemento essencial para o processamento do trauma; outras que encontraram no corpo mais desinflamado pela mudança do estilo de vida a sustentação de que precisavam para cuidar de suas dores emocionais; para outras, o caminho sem a espiritualidade não seria o mesmo. Como uma terapeuta em busca de elos perdidos, vi se desenhar toda sorte de caminhos, e os elementos centrais variavam muitíssimo, mas todos tinham algo em comum: o amor. Fosse a recuperação do amor-próprio ou a chegada de um amor por algo ou alguém que nos arrebata, promovendo quase um *reset* nos circuitos fortalecidos pelo medo. Por isso, faço parte do time que acredita que o oposto do amor é o medo.

Qual o papel da terapia na história de cada uma dessas pessoas? Essa é uma pergunta que eu me fazia no início da carreira, mas, com o tempo, a própria pergunta foi perdendo o sentido, pois não se tratava do que contribui mais ou menos, mas do reencontro de cada pessoa com aquilo que o trauma deixou nela fragmentado, ocultado ou debilitado. De cada pessoa em particular e as infinitas possibilidades guardadas nela própria.

Por isso, aprendi a olhar para a terapia com as devidas honras de um espaço que se pretende seguro para que uma pessoa possa visitar e processar seus traumas, descortinar suas potências, integrar suas partes que ficaram cindidas pela dor, treinar novas habilidades relacionais, mas aprendi também a evitar exageros de valoração dos processos terapêuticos. Aprendi que nada vale para todo mundo. Aprendi a dar ao processo terapêutico o seu devido lugar: um vínculo seguro especializado, que pode ser o elemento central na travessia de reparação do trauma de algumas pessoas, e de outras, não.

Além disso, cabe lembrar que estamos em um país com muitas desigualdades sociais, onde a terapia ainda é uma alternativa inacessível para muitas pessoas e, definitivamente, eu não acredito que quem não tem acesso a esse recurso esteja fadado ao aprisionamento em suas respostas traumáticas. Não só não acredito como já me deparei com inúmeras histórias de pessoas que, dentro de contextos de grande adversidade social e sem uma terapia formal, realizaram a jornada do herói, a trilha de evolução e libertação descrita por Joseph Campbell.

Além disso, as comunidades têm um papel muito importante na reparação traumática. Quanto mais nos aldeiamos, oferecendo e recebendo suporte uns aos outros, mais elementos curativos acessamos.

TERAPIAS DE "CIMA PARA BAIXO" E DE "BAIXO PARA CIMA"

Feitas as ressalvas da seção anterior, olhando para a terapia como um elemento entre outros de um caminho pós-trauma e sendo eu uma terapeuta focada em trauma, este livro não estaria completo sem abordar algumas das principais discussões entre os especialistas da atualidade sobre práticas terapêuticas para tratamento de trauma. Por isso, nas seções que seguem me permito apresentar algumas classificações e discussões nesse sentido.

Bessel van der Kolk propõe três categorias para classificar as intervenções terapêuticas voltadas para o trauma: terapias *top-down* (de cima para baixo); terapias *bottom-up* (de baixo para cima) e intervenções médicas.

As terapias *top-down* são aquelas que trabalham principalmente com a cognição no monitoramento do que acontece no corpo e nas emoções. Elas permitem a compreensão do que está acontecendo conosco, ao mesmo tempo que as lembranças do trauma são processadas através da fala e do contato seguro. A psicoterapia é a principal representante das intervenções de cima para baixo.

As terapias *bottom-up* permitem que, em ambiente de segurança, o corpo acesse aquilo que a fisiologia ensaiou fazer no momento do trauma, mas foi bloqueado ou interrompido. São processos que permitem fazer contato com a experiência sentida através do corpo antes da elaboração pela cognição. Nessas práticas, são as sensações que direcionam os caminhos de liberação da carga residual do estresse traumático. Modalidades como a experiência somática proposta por Peter Levine, a focalização de Eugene Gendlin e todas as terapias baseadas em sensopercepção são representantes de práticas de baixo para cima. A dessensibilização e reprocessamento por movimentos oculares (EMDR, do inglês *eye movement desensitization and reprocessing*) é uma modalidade terapêutica que poderia ficar entre as duas classificações e é vista como uma terapia de neuroprocessamento, mas ainda prefiro alocá-la nas terapias *bottom-up*, pois trabalha principalmente com a proposta da dessensibilização de emoções associadas ao trauma através, não somente, mas principalmente, da estimulação de movimentos oculares específicos.

E, por fim, temos as **intervenções médicas**, que lançam mão principalmente de fármacos que agem no sistema nervoso na tentativa de impedir as reações de alarme desreguladas, ou que utilizam tecnologias que alteram o modo como o cérebro organiza as informações. Eu faço parte do grupo de profissionais que defendem o uso criterioso da farmacologia no trauma. Acredito que uma boa parceria entre médico e terapeuta pode ser muito benéfica para pessoas cujo trauma causou desregulações que interferem de forma significativa nas diferentes dimensões da vida e pode ser, inclusive, um passo importante para que a própria terapia seja viável.

O ponto de atenção é: estamos em uma cultura de medicalização cada vez mais forte. Frequentemente recebo pessoas para iniciar processos terapêuticos fazendo uso de medicações psicotrópicas sem acompanhamento médico, o que representa um risco nem sempre perceptível para essas pessoas. Além disso, nossa cultura de evitação das dores inerentes à existência humana transforma facilmente em diagnósticos clínicos reações naturais aos desafios da vida. A tristeza por um processo natural de luto ou por uma desilusão amorosa, o aumento da ansiedade basal por uma dificuldade financeira e tantas outras emoções que fazem parte da fase de ajustamento a uma situação desafiadora podem facilmente receber a prescrição de um fármaco em uma consulta rápida com um profissional que aprendeu, em nossa cultura, a patologizar a vida. Por isso, defendo seu uso criterioso orientado por um bom especialista, que pode ser um médico psiquiatra ou neurologista, preferencialmente sensível aos avanços no entendimento de uma terapêutica para trauma com o menor uso possível de substâncias.

Gabor Maté aponta que as intervenções em trauma podem ser realizadas a partir de modalidades isoladas ou em conjunto, sendo as abordagens baseadas no corpo consideradas mais eficazes que as terapias apenas cognitivas. Essas modalidades utilizam a energia do trauma que ainda está presente no corpo para integrá-lo. A matéria-prima do processo terapêutico são as sensações e os movimentos, e o principal objetivo é trazer de volta a capacidade rítmica da fisiologia para que a pessoa não esteja mais à mercê de velhos padrões reativos.

Mas o que você acha de tal terapia para tratar trauma? Essa é uma das perguntas mais frequentes nas minhas redes sociais, feitas tanto por colegas de profissão quanto por pessoas em suas buscas pessoais. Com humor, costumo responder que não sou sommelier de terapias. Não tenho a régua do que é bom e do que não é. Apesar de trabalhar alinhada com o apontamento feito por Gabor Maté sobre as terapias baseadas no corpo e já não conseguir visualizar um trabalho com trauma que não inclua a integração corpo-mente, da mesma forma que rejeito a ideia de um foco exagerado na terapia como elemento imprescindível para o processamento de traumas, também rejeito a ideia de supremacia de alguma abordagem terapêutica.

Ao longo da minha caminhada, tenho encontrado profissionais de diferentes abordagens, das mais clássicas às mais modernas, das mais alternativas às mais pretensamente científicas, e nesses encontros pude estar diante de pessoas que, mesmo não se debruçando especificamente sobre uma modalidade terapêutica alinhada à visão *trauma-informed*, não usando as legendas e conceitos específicos e, algumas vezes, nem nunca tendo escutado falar de cuidado informado sobre trauma, conduzem uma prática bastante *trauma-informed*.

Fico curiosa quando encontro esses profissionais e me interesso por eles e por entender de onde vem essa sagacidade. Em geral, o que tenho visto é que eles fizeram conhecimento incorporado – o conhecimento que passa pelo corpo. Eles não apenas dominam teorias e técnicas, mas se propõem a entrar em um relacionamento que é, acima de tudo, honesto consigo e com a pessoa que busca uma companhia especializada para atravessar seus desertos. Conheço profissionais de diferentes abordagens que fazem isso com maestria. São terapeutas que nem abandonam seus clientes com a dor deles, tentando evitar as afetações da relação terapêutica e se apoiando em uma sequência de protocolos e práticas frias, nem se fusionam a ponto de perderem as bordas da relação assimétrica, que exige papéis claros.

Da mesma forma, já me deparei com profissionais de abordagens cientificamente respeitadíssimas que não eram capazes de ser continente nem para as próprias feridas. Profissionais que dominavam técnicas e teorias de forma impressionante, mas absolutamente inábeis na arte da corregulação e da construção de um vínculo seguro, duas coisas sem as quais a terapia é inviável. E, mais recentemente, com o aumento das práticas integrativas, tenho visto também profissionais muito amorosos e bem-intencionados, mas que deixam seus clientes vulneráveis ao submetê-los a processos que desconsideram conhecimentos importantes acerca da psique e do desenvolvimento humano. Por isso, até hoje ainda não encontrei melhor conclusão sobre a atuação terapêutica que a proposta na famosa frase do pai da psicologia analítica, Carl Jung: "Conheça todas as teorias, domine todas as técnicas, mas ao tocar uma alma humana, seja apenas outra alma humana".

TERAPIAS ASSISTIDAS POR PSICODÉLICOS

Eu estava em uma grande roda de pessoas que giravam em ciranda, embaladas por instrumentos de corda, percussão e chocalhos. No centro havia uma fogueira e, quando olhava para cima, apenas o céu estrelado dava teto àquele espaço circular de terra batida. Minha visão ficou levemente turva e comecei a sentir calafrios, o som parecia mais alto e era como se meus pés pudessem sentir os pés de todas as pessoas que estavam ali. As labaredas da fogueira se pareciam agora com bailarinas que dançavam ao som ritmado da música indígena. Fui tomada por uma sensação que não consigo traduzir em palavras, mas que me impulsionava a sair da roda e me deitar alguns metros ao lado, onde o meu tapete de yoga por cima de folhas de bananeira demarcava meu espaço pessoal naquele grande terreiro circular a céu aberto. Sem um comando racional dos meus movimentos, eu saí da roda, tracei uma reta rumo ao tapete e me deitei.

Era julho de 2022, e eu estava na Floresta Amazônica, na Aldeia Mushu Inu, uma das aldeias da etnia Yawanawa, no Acre, em uma noite de consagração de Uni – ou *ayahuasca*, como é mais conhecido o chá que faz parte da cultura dos povos originários amazônicos e que se popularizou mundo afora. Não era a minha primeira experiência com ayahuasca, no entanto, era tudo muito recente e aconteceu muito rápido. Desde a minha primeira experiência com o chá até aquela noite no meio da floresta, em uma imersão na cultura xamânica, foram cerca de seis meses.

Logo que me deitei, percebi que meus sentidos estavam diferentes. Eu escutava tudo muito alto; sentia cheiros que não estava sentindo antes; a sensibilidade da pele era tanta que, ao passar minhas mãos nos braços, parecia que eu estava sendo tocada por outra pessoa. A ciranda estava do meu lado esquerdo, e eu permanecia deitada de barriga para cima, quase hipnotizada pelo céu, que parecia agora uma tela abstrata em movimento.

Olhei para a esquerda e vi a ciranda muito, muito longe. De alguma forma, eu sabia que aquela distância não era real, que eles estavam a poucos passos de mim, mas eu os via a uma distância que os deixava pequeninos. Fui tomada por uma sensação terrível de solidão. Uma dor invadiu meu peito e minha alma. Eu nunca tinha sentido solidão como uma dor física tão clara. Algumas lágrimas escorreram pelo meu rosto, enquanto clarões de memórias difíceis da minha vida começaram a saltar na minha mente como um clipe desordenado. Não eram pensamentos, eram imagens.

A dor física parecia aumentar junto com elas e se concentrar no centro do meu corpo, me fazendo me encolher em posição fetal. Em alguns momentos, me lembro de pensar: *Por que estou fazendo isso comigo? O que eu estou fazendo aqui?* Não faço ideia de quanto tempo fiquei deitada ali sozinha, provavelmente não muito, mas foi como uma eternidade. Dor e calafrios se sucediam, quando senti um toque suave. Era David, um dos visitantes e que estava no mesmo grupo que eu. Um americano que vivia no Brasil havia alguns anos e era um entusiasta da cultura xamânica.

Ele não disse nada, eu não disse nada. Apenas me entreguei ao abraço gentil e acolhedor que seus mais de um metro e oitenta de altura me ofereciam. Caí em prantos. Era um choro que parecia não sair apenas nas lágrimas, mas de todos os poros do meu corpo. Fiquei alguns minutos ali, e as primeiras palavras dele quando meu pranto se acalmou foram: *"Your angels asked me to come here"* (Seus anjos me pediram para vir aqui). Lembro-me de só conseguir agradecer e responder: "Obrigada, eu estava me sentindo tão só!".

Quando eu já estava mais calma, ele se levantou, e eu permaneci ali, deitada, olhando para o céu. A dor foi dando lugar a uma sensação de relaxamento e expansão. O céu agora era uma tela, mas a pintura abstrata de antes se transformava em imagens mais nítidas, formadas por nuvens brancas. Minha mente traduzia as imagens, e eu estava nelas. Fui tomada por uma outra sensação tão intensa quanto a dor, mas que dessa vez parecia algo como compaixão ou paz. Não sei se consigo descrever com precisão, mas era uma plenitude muito diferente de tudo que já tinha sentido antes.

Eu escutava choro de criança em algum lugar. Olhava em volta e não havia nenhuma criança na cerimônia. Olhei para o céu e vi a criança que chorava nas nuvens. Quando me dei conta, eu mesma estava em posição de parto. Do meu próprio parto. A ciranda continuava lá, a música variava de ritmos mais acelerados e intensos para cânticos mais suaves. Eram rezos cantados em idioma indígena e que eu não entendia, mas meu corpo parecia saber o que diziam e entrar naquela sintonia. Achei que a noite seguiria naquele mergulho compassivo, quando meu estômago começou a revirar.

Não me recordo como me levantei, o caminho que fiz, era como se meu corpo fosse guiado por algo que não era minha mente, mas dei alguns passos do chão de terra batida, onde já pisava em vegetação da floresta, e vomitei. Muito, pouco, não sei. Só consigo me lembrar das plantas se transformando em figuras geométricas que se movimentavam e dos calafrios. Eu havia entrado em uma nova onda da força da Uni. As sensações ficaram confusas nesse momento e, ao mesmo tempo que todo o sensorial parecia muito aguçado, era como se eu me visse de fora da realidade física.

De repente, tudo passou, e eu senti como se em um passe de mágica minha alma "voltasse para o corpo". Na verdade, hoje entendo que foi um retorno à consciência ordinária depois de um estado alterado de consciência. Quando o mal-estar passou, eu estava de pé, segurando a longa saia do meu vestido, e sentia como se meu corpo fosse atravessado por luzes brilhantes que me deixavam maior e me impulsionavam a dançar. Entrei na roda e bailei. É muito difícil traduzir em linguagem uma experiência tão sensorial. Mesmo com essa tentativa que acabei de fazer, me parece que as palavras não conseguem dar a dimensão da intensidade do que eu senti de dor, de mal-estar e de plenitude, alternadamente.

A noite se seguiu entre momentos de mais introspecção e momentos de contemplação do fogo, do céu, das mulheres indígenas cantando em roda, dos tambores e instrumentos de cordas que não paravam nem um minuto e pareciam acompanhar o ritmo das ondas de mergulho em conteúdos difíceis e de retorno ao meu estado basal de consciência, quando eu era preenchida por um sentimento intenso de amor e plenitude. As palavras do pajé Yawakashahu no meio da noite pareciam costurar e dar sentido para aquilo que eu experimentava individual e coletivamente ao mesmo tempo. Com o nascer do sol, a cerimônia foi encerrada. É o renascimento. Saímos em silêncio depois das palavras de encerramento do pajé, para descansar, cada um tendo vivido uma experiência pessoal diferente da outra, mas uma mesma experiência coletiva.

Eu já estava mergulhada no universo *trauma-informed* bem antes de chegar até ali, e isso não me deixava dúvida: havia feito um processamento de conteúdos traumáticos importantes naquela noite.

A música, a comunidade e o ritual faziam diferença nesse processamento, e ficou claro para mim que a ayahuasca não era uma experiência para ser feita de qualquer maneira ou com qualquer pessoa. É um ritual que faz parte da cultura de um povo e que exige respeito e cuidados. Em algum momento durante os dias que fiquei na aldeia, me lembro de dizer ao pajé: "Ayahuasca não é uma experiência sem riscos. É muito forte sensorialmente. Não é para todo mundo". Ao que ele me respondeu na sabedoria ancestral: "Filha, ayahuasca é para todo mundo, mas nem todo mundo é para ayahuasca".

Entendi imediatamente que ele não se referia a uma divisão de pessoas. Não se trata de quem está entre os "escolhidos" e de quem não está. Se fosse traduzir na linguagem da abordagem informada sobre trauma, eu diria que está ligada ao quanto seu sistema corpo-mente tem continente para abarcar uma experiência física, mental e emocional de tamanha magnitude sem você se perder nela ou se desesperar. Isso pode mudar a cada etapa da vida de uma mesma pessoa. A Ediane de dez anos atrás certamente não estaria pronta para aquela noite. Até a terapia da palavra tem potencial de retraumatização, e quanto mais intensa corporalmente vai ficando a experiência, há que se ter mais cuidado.

Durante os dias que passei na floresta, ouvi do pajé Yawakashahu e do cacique Mushu Inu o quanto, para os indígenas, uni ou ayahuasca, assim como todas as demais medicinas da floresta, têm uma função curativa e também de conexão espiritual. No entanto, ao deixar as fronteiras das aldeias, o chá ganhou os mais diferentes usos: autoconhecimento, religião, usos terapêuticos informais e até um uso indiscriminado e fora de rituais.

Tive um pouco de dúvida sobre falar dessa experiência neste livro pelo cuidado que acredito que deva se ter com o tema, mas não há como falar em trauma atualmente sem mencionar as terapias assistidas por psicodélicos. Em qualquer grande congresso internacional de trauma haverá no mínimo uma sessão debatendo esse tema, e a ayahuasca está entre as principais substâncias estudadas pelas grandes universidades do mundo na atualidade como proposta de terapêutica auxiliar no tratamento de trauma, transtornos mentais e neuropsiquiátricos. Tendo eu uma experiência pessoal a respeito, não faria sentido deixá-la de fora do relato confessional que se tornou este livro.

Apesar de ter muita consciência da importância que as experiências com ayahuasca tiveram para o meu processo pessoal de integração de memórias traumáticas, tenho muita consciência também de quanto toda a trajetória que fiz antes me preparou para tal; por isso, guardo alguns receios sobre pensar no uso fora de um ritual bem conduzido e de uma preparação anterior.

Acredito que estar em um acompanhamento anterior e posterior de terapia de continuidade, como a psicoterapia, em um ritual conduzido de forma séria e respeitosa à tradição xamânica, combinados à minha experiência com as terapias baseadas em sensopercepção, me ajudou muito a tolerar toda aquela inundação de sensações, imagens, pensamentos e emoções que se sucederam durante a noite. E, ainda assim, muitos momentos foram quase insuportáveis.

Já escutei relatos de uma grande desorganização psíquica e emocional com o chá, embora os estudos até o momento destaquem que não foram encontrados efeitos deletérios em pessoas que fazem uso frequente de ayahuasca, tampouco toxicidade associada à substância. Do que conheço sobre trauma e da minha experiência pessoal, arrisco afirmar que as experiências desorganizantes estão mais associadas à falta de continente sensório-emocional para lidar com tudo que se revela de uma só vez ou a uma psique que já estaria trabalhando no limite da fragmentação, o que pode abrir um quadro que estava latente. Por isso, a frase do pajé faz tanto sentido: "Ayahuasca é para todo mundo, mas nem todo mundo é para ayahuasca".

Desde o início dos anos 1990, uma nova geração de cientistas recomeçou a explorar o potencial terapêutico das substâncias psicodélicas no tratamento de uma variedade de condições, em especial na atenção ao TEPT, depressão e ansiedade. Entre as substâncias mais estudadas, destacam-se ayahuasca e psilocibina (cogumelos mágicos), seguidos de quetamina e MDMA.

A terapia assistida, até o momento em que escrevo este livro, é na maioria dos países, incluindo o Brasil, ainda uma condição de estudo científico, não sendo autorizada a prescrição terapêutica em prática clínica. Os estudos se baseiam na ingesta da substância em ambientes controlados e monitorados por terapeutas treinados e na obrigatoriedade da psicoterapia de acompanhamento posterior. Rossi e colaboradores, em um estudo com bastante rigor científico sobre ayahuasca, apontam para a importância da associação da terapia psicodélica com outras terapias de continuidade, como a psicoterapia, e destacam resultados animadores para o tratamento de depressão no que diz respeito à durabilidade dos benefícios e ausência de efeitos colaterais.

Essa é uma discussão bastante acalorada na comunidade científica no momento. Há os que defendem o grande potencial terapêutico que essas substâncias apresentam, com a vantagem de produzirem efeitos benéficos mais persistentes no tempo e com menos efeitos colaterais que os psicofármacos já existentes, principalmente no tratamento do TEPT, da depressão e da ansiedade. Mas há também uma corrente que guarda reservas quanto à integração da terapia psicodélica no rol de práticas previstas para o tratamento de desordens psíquicas e do trauma. Essa segunda corrente acaba por se basear mais em um conservadorismo científico do que em argumentos ancorados em dados.

A discussão ainda não parece perto do final. Ainda há que se continuar os estudos para que seja seguro afirmar que os resultados promissores são generalizáveis para grandes populações, e é preciso ampliar a discussão sobre como integrar nas propostas de uso terapêutico conhecimentos de muitas áreas diferentes: neurociências, psiquiatria, neurologia, psicologia, antropologia e sabedoria dos povos ancestrais. Esse último ponto deflagra também a grande discussão ética que envolve a questão, que é a apropriação desse saber ancestral para fins de industrialização. Um cuidado que eu particularmente acho primordial. Estamos falando da apropriação de um saber ancestral que precisa ser respeitado, e os povos originários, que são os detentores da tecnologia de muitas dessas substâncias, não podem ser excluídos desse debate.

Para além das questões éticas, o contexto ritualístico que dá suporte e promove a corregulação tão importante em experiências intensas de acesso a conteúdos traumáticos é algo difícil de se reproduzir em larga escala. Sem esse contexto, as práticas podem mais prejudicar do que ajudar. Em contrapartida, o potencial terapêutico dessas substâncias é inegável, e os resultados das pesquisas são promissores.

Vemos aumentar as evidências de que em um ambiente monitorado e com suporte terapêutico, elas podem induzir uma experiência clinicamente segura e que provoca mudanças psicológicas e comportamentais profundas e duradouras, sem evidências de efeitos deletérios ou de toxicidade no longo prazo, conforme Goodwin e colaboradores. Tudo isso são vantagens muito relevantes em relação aos fármacos de que a medicina dispõe hoje para tratar pessoas com desordens relacionadas à saúde mental, em especial para aquelas que não respondem ao tratamento convencional.

No momento em que escrevo, eu mesma ainda não tenho uma opinião definitiva a respeito do tema. Sigo estudando e acredito que precisamos avançar no debate e nas pesquisas. Quanto ao potencial terapêutico da terapia assistida por psicodélicos, eu não guardo dúvidas, mas isso é uma coisa, e outra coisa é como tornar o uso terapêutico seguro e aplicável para grandes populações, de forma a incluir a terapia assistida no rol de práticas oficiais do tratamento de trauma e outras desordens.

EPÍLOGO

O IDEAL DE UMA SOCIEDADE INFORMADA SOBRE TRAUMA

> *O amor é uma combinação de cuidado, compromisso, conhecimento, responsabilidade, respeito e confiança.*
> bell hooks, Tudo sobre o amor

Se você chegou até aqui, quero agradecer sua companhia. Fizemos uma grande travessia em conjunto: você na leitura e eu durante toda a carpintaria deste livro. Você já estava comigo desde que escrevi a primeira linha e me ajudou a atravessar as passagens mais desafiadoras, os momentos em que eu parava para respirar, em que me emocionava ao mesmo tempo em que escrevia, os momentos em que eu sorria e me sentia leve depois de traduzir em palavras sensações e sentimentos guardados por tanto tempo, os inúmeros momentos em que pensei em desistir. E o que me fez continuar foi pensar que este texto poderia fazer sentido para pelo menos uma pessoa. Vivi muitas emoções na feitura destas páginas, que estão bem distantes de ter a pretensão de esgotar um assunto tão amplo acerca de um fenômeno tão complexo. Este é só o começo da conversa.

Espero deixar você com a mesma esperança que recuperei depois de anos de desconexão, por isso, se você não se recordar de nada do que foi lido aqui, lembre-se de que olhar para nossos traumas não se trata apenas de se jogar no abismo da dor, mas inclui recuperar a inteireza para buscar os seus tesouros que ficaram pelo caminho. E, quanto mais pessoas encontram a dignidade e a potência de ser quem são, mais caminhamos rumo a uma sociedade informada sobre trauma em que inflijamos menos dor uns aos outros. Esse é o ideal com que sonham muitos dos profissionais que se dedicam ao conteúdo pelo qual navegamos nestes capítulos, e é também o meu. Eu sonho que possamos recuperar comunidade, humanidade e conexão.

Mas grandes problemas exigem grandes soluções. Quebrar o ciclo do trauma envolve um compromisso individual e coletivo com a transformação. Eu sonho que possamos dar passos para que cada pessoa, cada família, cada escola, cada empresa, cada grupo de amigos, cada relação de casal, cada instituição governamental se torne informada sobre trauma. E isso não significa apenas saber conceitos e teorias, mas viver a conexão e a potência criativa que acessamos quando não estamos amedrontados e enredados em nossas dores.

Seja qual for o momento da caminhada pessoal em que você está, espero que lembre que sempre haverá em você uma parte potente, criativa, curiosa e saudável. E, mesmo nos momentos de maior adversidade, essa parte continuará guardando o seu maior tesouro: o seu jeito único de existir no mundo. Espero deixar você aqui, do outro lado da sua travessia por meio deste livro, com a certeza de que pode e deve caminhar pela vida com a dignidade de ser quem você é.

REFERÊNCIAS

A SABEDORIA do trauma. Direção: Maurizio Benazzo e Zara Benaco. Video Project, 2021. (1h28min).

BOWLBY, J. The influence of early environment in the development of neurosis and neurotic character. *The International Journal of Psycho-Analysis*, v. 21, p. 154–178, 1940.

BOWLBY, J. *Uma base segura*: aplicações clínicas da teoria do apego. Porto Alegre: Artes Médicas, 1989.

BRONDOLO, E. *et al*. *Perceived racism and negative affect*: analyses of trait and state measures of affect in a community sample. *Journal of Social and Clinical Psychology*, v. 27, n. 2, p. 150–173, 2008.

BRYANT, T. *Homecoming*: overcome fear and trauma to reclaim your whole, authentic self. Nova York: TarcherPerigee, 2022.

CAMPBELL, J. *O poder do mito*. São Paulo: Palas Athena, 2014.

CONTI, P. *Trauma*: a epidemia invisível. Rio de Janeiro: Sextante, 2022.

DAMÁSIO, A. *O erro de Descartes*: emoção, razão e cérebro humano. São Paulo: Companhia das Letras, 2012.

DAMÁSIO, A. *Sentir e saber*: as origens da consciência. São Paulo: Companhia das Letras, 2022.

DANIEL Wolpert. A verdadeira função do cérebro. 2011. Vídeo (18min42s). TED. Disponível em: https://www.ted.com/talks/daniel_wolpert_the_real_reason_for_brains?language=pt-br. Acesso em: 3 jun. 2024.

ENSINK, K. *et al*. O papel protetor da mentalização de experiências traumáticas: implicações quando da entrada na parentalidade. *Estilos da Clínica*, v. 20, n. 1, p. 76–91, 2015.

FELITTI, V. J. *et al*. Relationship of childhood abuse and household dysfunction to many of the leading causes of death in adults. *American Journal of Preventive Medicine*, v. 14, n. 4, p. 245–258, 1998.

FIGLEY, C. R. Compassion fatigue: toward a new understanding of the costs of caring. *In* STAMM, B. (Ed.). *Secondary traumatic stress*: self-care issues for clinicians, researchers, and educators. Baltimore: The Sidran Press, 1995. p. 3–28.

FIGLEY, C. R.; STAMM, B. H. Psychometric review of compassion fatigue self-test. *In* STAMM, B. H. (Ed.). *Measurement of stress, trauma and adaptation*. Baltimore: Sidran Press, 1996. p. 127–130.

GOFF, P. A. *et al*. The essence of innocence: consequences of dehumanizing Black children. *Journal of Personality and Social Psychology*, v. 106, n. 4, p. 526–545, 2014.

GOODWIN, G. M. *et al*. Single-dose psilocybin for a treatment-resistant episode of major depression. *The New England Journal of Medicine*, v. 387, n. 18, p. 1637–1648, 2022.

hooks, b. *Tudo sobre o amor*: novas perspectivas. São Paulo: Ed. Elefante, 2021.

JANET, P. *L'automatisme psychologique*. Paris: Félix Alcan, 1889.

JUNG, C.G. *Fundamentos da psicologia analítica*. Petrópolis: Vozes, 1996.

KARDINER, A. *The traumatic neuroses of war*. Eastford: Martino Fine Book, 2012.

KOLK, B. *et al*. Inescapable shock, neurotransmitters and addiction to trauma: towards a psychobiology of post-traumatic stress. *Biological Psychiatry*, v. 20, pp. 414–425, 1985.

KOLK, B. *O corpo guarda as marcas*: cérebro, mente e corpo na cura do trauma. Rio de Janeiro: Sextante, 2020.

KOLK, B. The compulsion to repeat the trauma. Re-enactment, re-victimization, and masochism. *The Psychiatric Clinics of North America*, v. 12, n. 2, 1989.

LE PERA, N. *How to do the work*: recognize your patterns, heal from your past, and create your self. EUA: Haper Wave, 2021.

LEVINE, P. *Healing trauma*. Canadá: Sounds True, 2008.

LEVINE, P. *O despertar do tigre*. São Paulo: Summus, 1999.

LEVINE, P. *Uma voz sem palavras*. São Paulo: Summus, 2010.

MATÉ, D.; MATÉ, G. *O mito do normal*: trauma, saúde e cura em um mundo doente. Rio de Janeiro: Sextante, 2023.

MATÉ, G.; NEUFELD, G. *Pais ocupados, filhos distantes*: investindo no relacionamento. São Paulo: Melhoramentos, 2006.

MATÉ, G. *When the body says no*: the cost of hidden stress. Random House Canada, 2004.

MCCANN, I. L.; PEARLMAN, L. A. Vicarious traumatization: A framework for understanding the psychological effects of working with victims. *Journal of Traumatic Stress*, v. 3, n. 1, p. 131-149, 1990.

MENAKEM, R. *My grandmother's hands*: racialized trauma and the pathway to mending our hearts and bodies. Las Vegas: Central Recovery Press, 2017.

MYERS, C. S. *Shell shock in France*: 1914-1918. Cambridge: Cambridge University Press, 2012.

NASCIMENTO, L. *Tudo nela é de se amar*: a pele que habito e outros poemas sobre a jornada da mulher negra. Rio de Janeiro: Estação Brasil, 2021.

NATIONAL CENTER FOR HEALTH STATISTICS. *National health interview survey*: 2021 survey description. NHIS, 2022. Disponível em: https://ftp.cdc.gov/pub/Health_Statistics/NCHS/Dataset_Documentation/NHIS/2021/srvydesc-508.pdf. Acesso em: 2 jun. 2024.

PEARLMAN, L. A.; MACLAN, P. S. Vicarious traumatization: an empirical study of the effects of trauma work on trauma therapists. *Professional Psychology, Research and Practice*, v. 26, n. 6, p. 558–565, 1995.

PEREIRA, I.R.F. *Escala Compósita de Codependência*: adaptação para a população portuguesa. Dissertação de mestrado, 2017. Disponível em: https://repositorio.ul.pt/handle/10451/33813. Acesso em: 12 set. 2024.

PORGES, S. *The polyvagal theory*: neurophysiological foundations of emotions, attachment, communication, and self-regulation. Nova York: W. W. Norton & Company, 2011.

REMARQUE, E. M. *Nada de novo no front*. Porto Alegre: L&PM, 2004.

ROSS, G. *Do trauma à cura*: um guia para você. São Paulo: Summus, 2014.

ROSSI, G. N. et al. Molecular pathways of the therapeutic effects of ayahuasca, a botanical psychedelic and potential rapid-acting antidepressant. *Biomolecules*, v. 12, n. 11, p. 1618, 2022.

SIEGEL, D.; SCHORE, A.; COZOLINO, L. *Interpersonal neurobiology and clinical practice*. Nova York: W. W. Norton & Company, 2021.

SILVA, R. M.; GOULART, C. T.; GUIDO, L. A. Evolução histórica do conceito de estresse. *Revisa (Online)*; v. 7, n. 2, p. 148-156, 2018.

STAMM, B. H. (Ed.). *Secondary traumatic stress*: self-care issues for clinicians, researchers, and educators. Baltimore: The Sidran Press, 1996.

STEELE, K.; BOON, S.; HART, O. *Treating trauma-related dissociation*: a practical, integrative approach. Nova York: W. W. Norton & Company, 2016.

SOUZA, N. S. *Tornar-se negro*: ou as viscissitudes da identidade do negro brasileiro em ascensão social. Rio de Janeiro: Zahar, 2021.

SUBSTANCE ABUSE AND MENTAL HEALTH SERVICES ADMINISTRATION. *Practical guide for implementing a trauma-informed approach*. Rockville, MD: National Mental Health and Substance Use Policy Laboratory. Substance Abuse and Mental Health Services Administration, 2023.

THE WISDOM OF TRAUMA COMPANION BOOKLET. *The Wisdom of Trauma*, 2021. Disponível em: https://thewisdomoftrauma.com/wp-content/uploads/2022/03/Companion-Booklet.pdf. Acesso em: 3 jun. 2024.

TIEPPO, C. *Uma viagem pelo cérebro*: a via rápida para entender neurociência. São Paulo: Editora Conectomus, 2019.

YEHUDA, R. et al. Transgenerational effects of posttraumatic stress disorder in babies of mothers exposed to the World Trade Center attacks during pregnancy. *The Journal of Clinical Endocrinology and Metabolism*, v. 90, n. 7, p. 4115–4118, 2005.

ZAMPIERI, M. A. J. *Codependência*: o transtorno e a intervenção em rede. Campinas: Editora Ágora, 2004.

**Acreditamos
nos livros**

Este livro foi composto em Adobe Garamond e Kabel e impresso pela Lis Gráfica para a Editora Planeta do Brasil em setembro de 2024.